古代歷史文化研究輯刊

二六編

王明蓀 主編

第24冊

清代官帽頂戴研究：
以臺灣考古出土與傳世文物為例（上）

廖伯豪 著

國家圖書館出版品預行編目資料

清代官帽頂戴研究：以臺灣考古出土與傳世文物為例（上）
／廖伯豪 著 -- 初版 -- 新北市：花木蘭文化事業有限公司，
2021〔民110〕
目 10+162 面；19×26 公分
（古代歷史文化研究輯刊 二六編；第 24 冊）
ISBN 978-986-518-607-4（精裝）
1. 文物研究 2. 帽 3. 佩飾 4. 清代
618   110011831

ISBN-978-986-518-607-4

9 789865 186074

古代歷史文化研究輯刊
二六編　第二四冊　　　　　ISBN：978-986-518-607-4

清代官帽頂戴研究：
以臺灣考古出土與傳世文物為例（上）

作　　　者　廖伯豪
主　　　編　王明蓀
總 編 輯　杜潔祥
副總編輯　楊嘉樂
編　　　輯　許郁翎、張雅淋、潘玟靜　美術編輯　陳逸婷
出　　　版　花木蘭文化事業有限公司
發 行 人　高小娟
聯絡地址　235 新北市中和區中安街七二號十三樓
　　　　　　電話：02-2923-1455 ／傳真：02-2923-1452
網　　　址　http://www.huamulan.tw 信箱 service@huamulans.com
印　　　刷　普羅文化出版廣告事業
初　　　版　2021 年 9 月
全書字數　185357 字
定　　　價　二六編 32 冊（精裝）台幣 88,000 元

清代官帽頂戴研究：
以臺灣考古出土與傳世文物為例（上）

廖伯豪　著

作者簡介

廖伯豪，國立臺南藝術大學藝術史碩士，學生時代參與各項文物調查研究、歷史考古發掘整理、文物保護等學術工作。畢業後相繼服務於國史館、國立故宮博物院器物處、國立成功大學博物館、國立臺南藝術大學藝術史學系，擔任專案研究助理及共同研究人員，專長為文化資產古物類研究、清代服飾史、中國古器物研究、文物測繪，現為成功大學歷史系博士研究生兼任歷史系歷史文物管理專員。

提　　要

　　清代官帽與頂戴研究過去僅做為附屬於清代服飾與首飾研究之下的子課題，學界多普遍討論其制度與形制特徵的特點。本次研究採用兩岸考古出土與臺灣本地歷史傳世資料，透過實地考古發掘、田野調查、科學檢測與測繪等方法，從帽頂內部結構的角度，探討風格演變與物質文化間的交互關係。

　　本文首先針對金、元、明三代考古出土的帽頂形制脈絡進行梳理，進而探討清代頂制的發展淵源。並透過實際文物與文獻的觀察，圖解清代官帽與頂戴的結構特徵，同時論述清代服制的特點。至第肆章開始，筆者使用兩岸考古出土與歷史傳世的頂戴文物，進一步梳理其裝飾風格與內部結構的演變歷程，並以此判讀國內部分典藏單位之官帽收藏，為清代服飾文物鑑識研究提供學術性的參考。

　　此外，本研究亦回歸物質文化的脈絡，關注清代官帽與頂戴生產、消費與使用方式，企圖建構清代臺灣官帽使用的具體面貌，並藉由田野調查過程的見聞及其研究成果，對於古物研究專業如何協助地方機關施行古物分級普查，分享個人的淺見。

誌謝辭

　　本篇論文為筆者 2014 年之碩士學位畢業論文，自規劃到完成共耗時三年又十個月，這是一段從學術專業養成到親自履行實踐的過程，亦作為筆者邁入下一個人生階段的轉淚點，撰寫期間受到校園、學界、社會各界人士與家人的幫助，方得告成，在此逐一致謝。

　　首先感謝國立臺南藝術大學藝術史學系對筆者的栽培與滋養，業師盧泰康教授自筆者大學時期以來一路提攜指導，盧師不僅於學術專業知識的傳授，在生活上亦不遺餘力的予以關心照拂。此外，透過求學期間參與系上大大小小研究案中，不論在待人處世的方法與學術事業的規劃上，都給予筆者許多提點與啟發。副校長黃翠梅教授在筆者求學階段，不論在課內的專業養成與課後的生活輔導，皆時常給予筆者期勉與鼓勵。同時，黃師對於學術研究應有的態度與熱忱，更是為筆者立下重要的典範。

　　專業技術的積累上，前國立故宮博物院登錄保存處副研究員王竹平老師親自指導筆者執行頂戴修護作業，此外亦提供筆者部分檢測數據，在修護方法與科學檢測技術上皆給予筆者諸多資訊。黃川田修老師擔任系上文物測繪課授課講師期間，針對本論文之文物測繪方法提供許多有效的建議，方能使論文測繪資料更加充實詳盡。

　　校外老師的部分，國立故宮博物院余佩瑾副院長擔任本篇論文口試委員，於口試期間針對本文的撰寫方式提供許多寶貴的建議。此外，故宮博物院莊吉發老師於筆者赴館內查詢清宮檔案期間，教導筆者關於清史文獻資料查詢與滿文文獻解讀基礎方法，並一再諄勉筆者文獻史料的重要性，其熱心提攜後進且毫無保留的精神，令人敬佩。逢甲大學歷史與文物研究所所長李

建緯教授亦同為本次論文口試委員，李師於筆者進行論文撰寫期間，慷慨提供許多臺灣本地歷史傳世祖先官幅肖像的一手資料，以及針對金屬製作工藝的相關專業知識，讓筆者能有更充分的思考與理解。

　　關於校外各界的協助，公立典藏文物方面，南投國史館臺灣文獻館、宜蘭國立傳統藝術中心、屏東縣客家文物館提供典藏官帽文物，促成學術與典藏機構合作研究的橋樑。私人收藏文物方面，感謝臺北市潘怡宏先生、臺北市湯志雄先生、屏東市溫蘭英女士、臺中市簡木源先生的慷慨支持，提供祖傳文物與私人收藏給予筆者進行記錄研究，其中湯志雄先生更是熱情提供許多地方歷史照片與收藏資訊。臺中市大甲蘇足女士口述傳統草帽工藝方面的專業知識，並協助製作夏帽模型。校外同儕的部分，臺北市林慕豪先生協助本篇論文英文摘要之校正工作，臺北劉善謙先生、國立中央大學歷史研究所齊汝宣、逢甲大學歷史與文物研究所彭悅柔，皆在筆者查詢清史檔案與文獻時提供協助，在此一併致謝。

　　筆者撰寫論文的過程中，同時承蒙所上與系上同學、學長及學弟妹們的幫忙，首先關於田野工作感謝學長建華、學弟秉文、學弟京何、學妹綺翎、學妹雅婷的陪同，協助部分交通與攝影工作。另外更要感謝同門學長聖偉、同學羿錡，從大學至研究所一直是課業、工作與校園生活的好夥伴，並時時相互提攜鼓勵。最後將這篇論文獻給我的家人，感謝他們在我求學的階段，不斷在背後默默的支持，並給予最大的鼓勵。

廖伯豪　謹誌
2021 年 03 月　于臺南

目
次

第壹章　緒　論

一、研究動機與目的

　　筆者就讀國立臺南藝術大學藝術史學系大學部期間，於二年級上學期時得知系上調查了一批出土自臺南市清代古墓的陪葬品，主要為首飾類文物，經過業師盧泰康老師的同意之下，有幸目睹文物的面貌。出土文物中有兩件清代頂戴吸引著筆者的目光，可惜當時筆者對首飾與服飾文物研究極為陌生，故期許自己未來能有機會針對這批文物進行研究與認識。

　　隔年暑假，筆者參與系上承辦臺南市水交社明清墓葬群遺址的搶救發掘工作，工作團隊於發掘過程中，再度發現頂戴的蹤跡，可惜出土時已有所毀損，故暫時封存。同年，系上正式創立「出土水文物研究與修護學程」，並設置文物修護實驗室，聘請國立故宮博物院的王竹平老師開班授課，筆者才開始修習金屬與陶瓷文物修護相關的知識與技術。直至正式進入碩士班階段，確定論文研究方向後，方著手針對先前出土的頂戴進行研究與修護工作。

　　臺灣自康熙時期收入大清帝國版圖，清政權在臺島深植近二百年，滿州風格服飾亦透過政治及貿易等諸多因素，影響著本地漢人與原住民的穿著，其中又以政治因素最為顯著。清領時期漢人子弟陸續考取舉人、進士，亦有商賈透過捐納入仕者，除此之外，招撫歸順的原住民首領亦可獲得職銜，故臺島人民入仕為官者不勝枚舉。

　　迄今臺灣民間仍有部分家族留有先祖傳承下來的官帽、補服等歷史文物，卻僅作曾為清代門第世家的佐證，而後人對文物的意涵與價值卻所知有

限，以致變賣事件屢見不鮮，甚至任其毀壞佚失。筆者認為，諸類文物除了可以映證家族歷史與清代科舉制度的發展歷程外，更可能體現北方服飾文化向南傳播的現象。同時，筆者亦對官帽及頂戴所具備政治以外的多重性質產生好奇，其中是否能從中反應仕宦階層間亦存在消費能力的差異。

近年來臺灣亦陸續開始進行歷史時期的墓葬考古發掘工作，而歷史考古學研究針對島內出土文物的研究中，於陶瓷器、鐵器等項目已累積一定的研究成果。然而，首飾類文物的專門研究仍未完全展開，〔註1〕故期許此次研究成果能針對臺灣出土與傳世之清代首飾文物提供新的認識。

本篇論文主要以臺灣考古出土與歷史傳世官帽與帽頂進行系統性與學術性的分析，進而提升本地文物的歷史與文化價值為目的。透過此次研究，將深藏於民間的歷史文物進行完整的記錄。同時，亦針對國內部分典藏機構收藏的實物案例進行梳理，以建立清代官帽、頂戴及其結構的訂名方式。此外，本文另從民間傳世文物與地方文物館文物保存問題進行論述，試圖運用多種觀察角度來探討臺灣本地清代官方服飾之特徵。

本研究不同於過去清代服飾史研究僅聚焦宮廷服飾與章典服制的議題討論，亦或是民俗文物的概略性介紹。筆者企圖拓展臺灣本地出土或傳世清代官屬服飾及其周邊配飾相關研究議題，梳理臺灣自身的物質文化脈絡，建構清代官帽與帽頂的發展及其使用場景。所獲致成果，不僅可體現臺灣與大陸共通的文化特徵，見證彼此之間的物質文化交流，同時亦可追尋屬於臺灣特有的文化內涵。透過對文物的多面向分析，進而建構屬於臺灣本地的清代官方物質文化，及其與大陸之間發展脈絡的連接，增加清領時期漢人在臺拓墾發展史的多樣文化面貌。

二、清代官帽與頂戴相關研究回顧

關於清代服飾的研究遍及海內外，大抵可分成宮廷服飾與民俗服飾兩種研究脈絡，其中又以前者研究成果較為豐碩。然而清代官帽與頂戴屬於其中的子項目課題，在「冠」與「服」缺一不可的研究概念下，凡討論清代袍服的發展與特色，則不得不提及清代冠頂制度。此種研究現象卻也致使清代官帽

〔註1〕業師盧泰康曾針對臺南地區墓葬出土明鄭時期的髮冠、玉束（荷包配件）作過考古類型學與藝術風格分析的討論，見：盧泰康，〈臺南地區出土明鄭時期墓葬文物〉，《美術考古與文化資產——以臺灣地區學者的論述為中心》，上海：上海大學出版社，2008年12月，頁111～117。

頂戴研究，至今都只有小篇幅的文字論述，因此吾人對清代頂戴的認識仍僅停留清代章典制度所給予的形象。

　　以下筆者針對宮廷服飾研究脈絡，揀選兩岸與國外清代相關服飾研究中，針對官帽與頂戴較有篇幅論述者進行介紹與比較；民俗服飾研究脈絡則集中臺灣本地關於傳世清代服飾文物調查或報導之文獻進行列述。

（一）清代宮廷服飾研究脈絡下的官帽與頂戴

1. 大陸地區

　　大陸地區研究清代宮廷服飾以 1985 年瀋陽故宮博物院研究員王雲英《清代滿族服飾》一書為基礎，〔註2〕文中詳列入關前後關於服制的修訂過程，以章典制度的前題下，透過族群文化風俗與服裝樣式間的關係，論述清代滿人的服飾特色。作者首先從民間服飾的角度來介紹清代暖帽與涼帽的材質與造形，並說明滿族人在入關前即有按季節佩戴之俗，並做為正式禮帽。〔註3〕王氏提及頂戴在清代官服制度中則作為鑑別社會階級與品秩的功能，扮演著舉足輕重的地位，進而導致後來非官宦者亦會不惜重金透過捐買的方式取得此一「名器」，並提出清代帽頂制度應沿襲自元代帝王於冠帽綴有鑲寶石帽冠的傳統。〔註4〕

　　1986 年周錫保於《中國古代服飾史》中有清代服飾一章，其明列皇室與官員冠飾制度相關穿戴禁令，周氏運用清代會典圖的服飾圖像與針對北京故宮舊藏服飾的記錄觀察，以及嘗試繪製線描圖，並於圖片中加以解說註記服飾尺寸、冠帽及其配飾間的名稱，〔註5〕是為本書最具代表的研究特色。

　　1994 年北京故宮研究員陳娟娟發表〈清代服飾藝術〉一文，該文亦同樣介紹清代服飾的發展源流，並提到清代冠服制度的設計依循著滿州族服飾的傳統，在裝飾紋樣上則承襲了漢人服飾的特色。然而，該文雖有篇幅的介紹清代的冠帽特徵，但除了提及皇帝冬朝冠與夏朝冠的帽形特徵外，具體冠頂形制皆僅節錄《大清會典》及《皇朝禮器圖式》的描述，以性別區分，各自按

〔註2〕作者亦於亦於 1997 年發表《再添秀色──滿族官民服飾》，此書可作為《清代滿族服飾》的增編本，但諸如冠頂或花翎等基礎論述大抵沿用 1983 年的內容，故不再詳加列述，並以成書時間較早者為代表。

〔註3〕王雲英，《清代滿族服飾》，瀋陽：遼寧民族出版社，1985 年 12 月，頁 27。

〔註4〕同前註，頁 84。

〔註5〕周錫保，《中國古代服飾史》，北京：中央編譯出版社，2011 年 1 月（1986 年原著再版），頁 460～461、499～501。

社會階級所屬冠式依序列出其冠式。〔註6〕

　　2004年北京故宮博物院研究員宗鳳英發表《清代宮廷服飾》一書，以院內典藏的文物為主軸，描述清代服飾的起源、特徵與功能。關於冠頂的論述，宗氏於書內針對清宮皇室與官員帽冠形制與配戴場合進行分類式的介紹。宗氏亦強調清代帽冠的應用場合，應與袍掛的使用一致，並以吉服冠為例，說明穿著吉服袍，才戴吉服冠，冠服之間是屬於一個有機的整體。〔註7〕

　　2009年瀋陽故宮研究員李理更針對清代官員的行政與服飾制度發表《清代官制與服飾》，是首次出現「官員服飾」概念所撰寫的研究型專著。李氏先以清代官制發展史的角度入手，進而討論服飾制度的演變。李氏在官制與服制的論述上，主要透過歷史章典等文獻史料進行探討，不難看出本書較多篇幅在制度史上的考證，故在討論冠帽與頂戴花翎的形制時，多陳述其在制度上的規範。此外，亦透過館藏實物的觀察進行清代頂戴形制的分類，即為朝冠頂、吉服冠與行服冠頂兩大類，〔註8〕但仍處於初步外在外制上的辨識與清代制度的對應。

　　2010年黃能馥、蘇婷婷發表《珠翠光華──中國首飾圖史》一書，書中即闢有章節論述元明清冠飾特點。〔註9〕然而，該文標題雖要討論「冠飾」，對於元代頂飾卻僅引用《南村輟耕錄》與《元史》相關文獻記載，並未實際針對元代的帽頂實物進行理解，更直接跳到元代的織品服飾特徵介紹。更令讀者匪夷所思的是，明代冠飾在本文完全隻字未提，進而跨入清代冠飾的介紹。很遺憾的，對於清代冠飾的描述內容，作者僅討論清代翎支承襲元代的裝飾風格外，對清代頂戴亦同樣沒有任何說明與介紹，僅略於文中插入一頁節錄自國立故宮博物院藏的清代帽頂圖片。簡而言之，該篇文章並沒有真正聚焦標題所要講述的重點，且完全忽略考古出土的帽頂實物，所謂元明清冠

〔註6〕陳娟娟，〈清代服飾藝術〉，《故宮博物院院刊》，1994年第2期，頁85～90。翌年，陳氏又與黃能馥合撰《中國服裝史》一書，該書針對清代冠帽的部分唯皇帝御用各式帽冠有針對其帽胎特徵進行詳述，以下貴族與品官冠式皆引用嘉慶朝與光緒朝《欽定大清會典圖》內容列述，並附以圖片參照，撰寫模式與〈清代服飾藝術〉一文差異不大。見黃能馥、陳娟娟，《中國服裝史》，北京：中國旅遊出版社，1995年5月，頁339～341。

〔註7〕宗鳳英，《清代宮廷服飾》，北京：紫禁城出版社，2004年1月，頁110。

〔註8〕李理，《清代官制與服飾》，瀋陽：遼寧民族出版社，2009年1月，頁186。

〔註9〕黃能馥、蘇婷婷，《珠翠光華──中國首飾圖史》，北京：中華書局，2010年7月，頁148～153。

飾，純屬空談。

2. 臺灣地區

由於清宮舊藏之部分服飾文物亦隨著國民政府撤退大陸播遷來臺，故臺灣從事清代頂戴與服飾的研究，主要圍繞在清宮舊藏的帽頂上。

首先以臺北故宮於 1985 年出版「清代服飾展覽圖錄」為代表，主要展示宮廷傳世帽冠、冠頂、朝珠、髮簪等首飾類文物。爾後至民國 1988 年間，稽若昕、陳夏生、莊吉發等學者陸續在《故宮文物月刊》發表關於清代官服服飾與頂戴花翎等專題研究，〔註 10〕並介紹清代官員服飾與冠飾的溯源及其特色，其中莊吉發亦針對雍正朝檔案中的幾種頂戴材質詞彙進行漢滿文對照。〔註 11〕

1989 年林惠珠年出版《清朝百官冠服研究》論文，該文透過歷史文獻的收集，對清代至民國初年冠服制度做出較完整的整理。針對清代頂戴的部分，作者引用崇德、順治、乾隆三朝的冠頂規制，說明清代冠頂制度歷經多朝的修訂、變革。然而在清代頂戴的形制上，作者雖引用清代王侃《皇朝冠服制》的描述，卻未針對文獻與實物進行更精確的結構類比與交代，甚至是頂戴與冠帽間的實際使用方式，僅以此輔助說明清代冠頂頂珠裝飾會依其品級在材質與大小上有所差異。〔註 12〕

2000 年輔仁大學織品服裝研究所碩士生朱漢生撰寫《清代皇帝與文官服飾研究》一文，該文多著墨於清代皇帝與文官的袍服裝飾紋樣，帽冠的部分雖提及清代冬夏帽的形制與材質特點，卻尚未說明帽纓、帽胎與帽頂間的佩戴與組合關係，甚至冠帽的佩戴方式。上述情況明確顯示該文作者，針對冠帽的內容僅參照文獻的論述，而缺乏透過實物的觀察進行論述。〔註 13〕

2012 年，臺北故宮博物院舉辦「皇家風尚──清代宮廷與西方貴族珠

〔註 10〕稽若昕，〈朝珠與帽頂〉，《故宮文物月刊》第二卷第十期，1985 年 1 月，頁92〜98。莊吉發，〈百官服飾〉，《故宮文物月刊》第三卷第四期，1985 年 7月，頁 38〜45。陳夏生，〈清代服飾溯源〉，《故宮文物月刊》第五卷第五期，1987 年 8 月，頁 92〜98。

〔註 11〕莊吉發，〈清文國語──滿文史料與雍正朝的歷史研究〉，《清史論集（二十）》，臺北：文史哲出版社，2010 年 7 月，頁 129〜131。

〔註 12〕林惠珠，《清朝百官冠服的研究》，臺北：豪峰出版社，1989 年 12 月，頁 24〜28。

〔註 13〕朱漢生，《清代皇帝與文官服飾之研究》，臺北：輔仁大學織品服裝研究所碩士論文，2000 年 3 月，頁 20、28、30、35〜36、45〜46。

寶大展」，清代宮舊藏帽頂再度引起學者們的關注。同年陳夏生、陳慧霞〔註 14〕兩位學者皆針對這次展覽，以宮廷首飾的角度，再度探討清代冠頂之特色。其中陳夏生於文中介紹清宮舊藏冠頂中常用的珍珠與紅寶石的材質特性，並以元代帝王肖像為例，認定清代冠頂與朝珠承襲元代冠帽的裝飾特徵。〔註 15〕

3. 歐美地區

西方透過晚清以來大量收購典藏中國文物，明清宮廷服飾亦作為收藏的項目之一，在海外博物館與民間皆有一定的收藏數量，故不乏有對於清代服飾諸如龍袍、章補等相關議題的研究著作，亦會出現針對清代頂戴的些許探討。

1999 年 Beverley Jackson 與 David Hugus 合著的《Ladder to the clouds》中見有簡短的論述，其中 David Hugus 認為冠頂、腰帶與補子皆同作為表現清代官員階級的象徵物，其中冠頂寶石顏色採用紅、藍、白、黃的顏色，可能得自於清代八旗制度亦以此四色作為旗色的區別方式。文中亦提及冠頂在材質選用上，鑒於玻璃價格的昂貴與製作工藝的困難，因而被視為半寶石，於1730 年（雍正八年），制定玻璃與真寶石皆可同時應用在冠頂上。〔註 16〕

2000 年學者 Garry Dickinson 與 Linda Wrigglesworth 合著的《Imperial Wardrobe》一書表示，清代官員冠頂寶石除了出現使用替代材質（成色相仿之寶石或玻璃）的現象，寶石顏色之選用可能受到五行的概念。此外，朝冠頂作塔形的三截造形，可能源自於金剛杵的形象，與北方民族（蒙古人與滿人）信奉喇嘛教（密教）有密切的淵源。〔註 17〕

2007 年 Valery Garrett 於《Chinese dress》中，透過傳世清代八品以下官職頂戴（素金、花金頂）與進士監貢生頂戴（雀頂與三枝九葉頂）的觀察，發

〔註 14〕陳惠霞，〈東西輝映下的清代宮廷珠寶〉，《故宮文物月刊》第 351 期，2012 年 6 月，頁 10～12。

〔註 15〕陳夏生，〈談清宮寶石運用文化〉，《故宮文物月刊》第 351 期，2012 年 6 月，頁 56～58。陳氏認為元仁宗肖像除了冠上見有帽頂，頸項上亦掛有珠串，其於在項間掛珠串的風尚延續至清代。但筆者透過現有元代壁畫與考古出土實物資料來看，所謂項掛珠串，應為冠帽繫帶的珠飾，其並非獨立垂掛於人物頸上，故是否可貿然推論，仍有待商榷。

〔註 16〕Beverley Jackson & David Hugus 1999, *Ladder to the clouds-Intrigue and tradition Chinese rank*, Berkeley Toronto: Ten Speed Press, p.p117~118.

〔註 17〕Garry Dickinson & Linda Wrigglesworth 2000, *Imperial Wardrobe*, Berkeley Toronto: Ten Speed Press, p.p105~106.

現其材質使用金、銀或諸如黃銅、白銅、鋅鎳合金等成色類銀之替代材料。〔註18〕此外，倫敦 V&A 博物館所收藏的花翎中，其包裝盒上見有北京的店款，由此可知清代翎支在當時市面上亦有販賣。〔註19〕上述案例皆可以看見西方學者對於頂戴的造型材質有諸多觀點，但立論過程缺乏藝術史的風格分析的觀察與史料文獻的考證，在材質的辨別上亦較缺乏科學的檢測過程，僅能視為個人主觀推測。

（二）臺灣民俗服飾研究脈絡下的官帽與頂戴

1. 日治時期

　　關於臺灣本地清代官屬服飾的相關研究，最早可追溯至日治時期，此時的臺灣做為大日本帝國之南的殖民地以及南進的跳板，日本總督府為了有效管理與掌握臺灣地區各項資源，故針對臺島進行土俗研究、農業與工業物產等多項調查，其中包含臺灣地區的風俗習慣。〔註20〕

　　昭和 5 年（西元 1903 年）日本政府於大阪舉辦「第五屆內國勸業博覽會」，臺灣總督府並於會場設置「臺灣館」，並出版展覽手冊，除了展示帝國多年來對臺灣的開發與經營成果，同時亦向內地介紹並宣傳臺灣特有的風土民情與物產。展覽會場中，設有「篤慶堂」展區，內置有八尊真人等身漢人蠟像。在漢人婚禮著裝中，展示著一對男女人像以身穿官帽補服、鳳冠霞帔的形象出現。〔註21〕致使身處現代化社會的日本人，在觀看臺灣人著清朝官服同時，產生微妙的認知變化，認為其做為殖民地轄下漢民族在特定節日所穿著的民俗服飾，故帶有落後與文明相互對照的色彩。〔註22〕

〔註18〕Valery Garrett 2007, *Chinese Dress-From the Qing dynasty to the present*, Tokyo; Rutland, Vt.: Tuttle, p70.

〔註19〕Valery Garrett 2007, *Chinese Dress-From the Qing dynasty to the present*, Tokyo; Rutland, Vt.: Tuttle, p73.

〔註20〕臺灣總督府為了有效掌握領臺以前島內之「舊慣」，於 1900 年成立「臺灣慣習研究會」，並出版《臺灣慣習記事》雜誌，其中包含臺島晚清時期的官制與漢人服飾的研究，至 1907 年 8 月為止共發行八卷。見臺灣慣習研究會，《臺灣慣習記事（中譯本）》，3 卷，臺中：臺灣省文獻會，1984 年，頁 259～260、308～309。蘇旭珺，《臺灣早期傳統漢人服飾》，臺北：國立傳統藝術中心籌備處，2000 年 12 月 31 日，頁 47。

〔註21〕月初皓，《臺灣館》，臺灣：第五回內國勸業博覽會臺灣協贊會，1903 年（明治 36 年）8 月 30 日，頁 46～47。其頁內插入臺灣館所展示的臺灣著裝標本照片。

〔註22〕呂紹理，〈展示臺灣：1903 年大阪內國勸業博覽會臺灣館之研究〉，《臺灣史

　　昭和 17 年（西元 1941 年）開始，事逢皇民化運動之推行，池田敏雄、
金關丈夫等日籍學者創辦《民俗臺灣》月刊，試圖記錄與維護臺灣本土民俗
文化，避免臺灣本地特有的有形或無形文化資產，消逝於同化政策中。月刊
收錄諸多日籍與臺籍學者之研究，研究議題涉及民族、語言、藝術、禮俗等
領域。吉見松代於昭和 18 年（1942 年）發表〈男子禮服〉一文，臺灣清代官
服的文化內涵至此得以被進一步理解，透過實物材料，作者透過傳世的照片，
提及日治時期臺灣所遺留的晚清蟒袍，其過去做為任官者於參加各項典禮時
所穿著的禮服，在辭退官職時亦可保留，至每年作壽時穿用，並接受子孫祝
賀，文中亦同時介紹朝冠頂外觀與補子的樣式。〔註 23〕此篇短文僅可視為日
本人對當時臺灣漢人服飾的認識，作者對於官服本身的歷史發展脈絡則無太
多著墨。

　　1943 年日本民藝大師柳宗悅訪問臺灣，其提倡關注一種存在於民間，兼
顧實用與美感的樸質藝術，而非宮廷名器的偉大且華麗之美，〔註 24〕而這就
是民藝研究的宗旨，其致力於關心本土民間流傳或製作的工藝作品理念，更
助長臺灣民俗文化研究的蓬勃發展。臺灣從地理上自清代以即為國家的邊陲
地帶，其民間日常的生活、宗教、禮儀的各項服飾器用自然成為民俗研究的
對象，清代官服在日治初期的臺灣社會，做為漢人特定家庭禮服使用，此一
特質便逐漸使其併入臺灣民俗服飾研究所關注的項目裡面，然因為數量有限
而極不顯眼，更遑論傳世官帽及頂戴紀錄與研究。

2. 民國時期

　　民國以後，關於臺灣傳世清代頂戴的具體論述，簡榮聰於 1987 年發表
《臺灣銀器藝術》一書，首次關注本地收藏的清代頂戴，並介紹兩件鳥形透雕
銀質鎏金冠頂與加琺瑯水晶冠頂及一件形制較為特殊的三層銀珠式冠頂。簡
氏嘗試將文物與文獻章典交互參照，並透過個人之觀察，藉由其形制帶有民間
風格，提出部分頂戴可能作為地方官吏隨意打製或餽贈之用的可能。〔註 25〕

　　　　研究》第 9 卷第 2 期，2002 年 12 月，頁 139。

〔註 23〕吉見まつよ，〈男子禮服〉，《民俗臺灣》第 3 卷（上），1942 年（昭和 18 年）
　　　　2 月 5 日，頁 42～43。

〔註 24〕柳宗悅，《民藝論》，南昌：江西美術出版社，2002 年 3 月，頁 35、36、45。
　　　　作者在梳理民藝於工藝中所扮演的角色及民藝作品所具備的真理時，皆強調
　　　　民藝品不同於高貴藝術（貴族、個人的工藝）的特殊價值。

〔註 25〕簡榮聰，《臺灣銀器藝術（上）》，臺中：臺灣省文獻會，1988 年 11 月，頁 56。

此外，簡氏亦提及臺灣現存冠頂多屬料質或水晶配銅鎏金，而銀質冠頂則相當稀少。〔註26〕可惜的是，書中文物雖於每件文物旁加註資料來源，但不盡清晰，以致無法確認其收藏來源是本地歷史傳世還是私人購藏，僅得知為清代之物。此外，每件文物皆只附單張圖版，亦無測繪圖或多視角的影像拍攝，無法精確掌握文物內部結構之概況，致使年代判讀上的限制。

　　1990年鄭慧玟發表〈江昶榮一身的裝扮〉一文，〔註27〕針對屏東六堆地區的江昶榮進士所遺留下的文物進行介紹，文中公佈了兩件官帽、進士服、馬褂、活計配件等物。然而，儘管作者試圖針對文物進行描述，但文中處處可見作者見物思情的論述方式，讀者對文物實際得保存狀況所知甚少。除此之外，文中的文物攝影照片尚未附上比例尺，導致觀者無法準確掌握文物尺寸，皆不符文物田野記錄之規範。亦使本文的學術性與參考價值大打折扣，僅能視為一篇專題報導。

　　關於官服的整體論述，同年輔仁大學織品服裝研究所朱漢生，其碩士論文《清代皇帝與文官服飾之研究》一文中，透過文獻的收集與所內的館藏服飾文物，著重清代的服裝特徵、製作材質、袍服章補紋樣裝飾表現進行理解，關於清代官帽與頂戴的論述則較為簡略，多引用章典文獻的記載來論述，但其提到徐揚〈盛事滋生圖〉中，可發現清代江南地區即有專門店舖提供朝靴、朝冠、冬夏絲綢的販售。〔註28〕

　　高本莉於1995年出版《臺灣早期服飾圖錄》一書，書中以臺灣民俗北投文物館（今北投文物館）藏織品文物與部分民間服飾收藏等田野資料，對臺灣漢人自清代至日治時期的服飾的發展作了時間上的梳理，並針對材質與形制做出詳實的介紹，同時亦運用了線圖描繪的方式，呈現清代服飾的剪裁與形飾演變。高氏認為，臺灣早期漢人服飾是依附在中國傳統服飾文化的大環境中，並沿襲了滿清入關後對於傳統中原服飾的改制，至日治時期鑑於日本官方採取的懷柔政策，加上風俗習慣改變不易，故不強制改變臺灣漢人的衣著，維持著大陸原鄉傳統。〔註29〕可惜的是，關於官服的資料，書中僅收錄

〔註26〕簡榮聰，《臺灣銀器藝術（上）》，臺中：臺灣省文獻會，1988年11月，頁56。
〔註27〕鄭慧玟，〈江昶榮一身的裝扮〉，《六堆風雲》第13刊，屏東：六堆風雲雜誌社，1990年2月25日，頁29～31。
〔註28〕朱漢生，《清代皇帝與文官服飾之研究》，輔大：織品服裝研究所碩士論文，1990年3月，頁55。
〔註29〕高本莉，《臺灣早期服飾圖錄》，臺北：南天書局，1995年10月，頁35～36。

了幾件來自臺中霧峰的蟒袍與補服，並在圖片旁邊加入關於服裝形式、裝飾紋樣與對應品秩的介紹，對於官服的製作或來源等問題亦並無多加著墨，研究重點主要擺在女性服飾與相關織品配件的觀察。

（三）當前學界研究限制與問題

綜觀上述兩岸與西方對於清代官服的研究脈絡，所見現清代服飾研究成果極為豐富，研究對象亦多以宮廷服飾為主流，其研究方法大抵聚焦章典文獻與形制之間的對應。目前諸多研究多集中宮廷袍服衣著的相關議題，且深入於服裝布料與紋樣織繡技法上的認識，亦有針對圖像風格進行時間上的梳理者。而冠帽與帽頂等服飾配件等研究成果則相對懸殊，質量也有限，對於清代頂戴與官帽間的結構關係與元明時期的帽頂裝飾方式是否有所不同，以及清代頂戴的裝飾紋風格能否看見演變過程等諸多問題，皆尚未有專門的研究與討論。筆者大致整理以下幾點原因：

1. 傳統服飾研究與歷史研究學者的普遍論述方式，多以史料制度源流著手，其以達到辨識其形制外觀、材質、功能以確認品級為目的。

2. 相關服飾研究所繪製的簡圖不盡詳實，更容易使研究者在觀看清代官帽時變得過於簡略，遺失掉許多關鍵問題的討論。

3. 臺灣地區的歷史考古發掘尚未全面展開，其中歷史時期墓葬發掘工作並正式公開發表者仍屈指可數，其中清代帽頂的正式出土紀錄僅一例。

4. 大陸地區考古發掘遺址眾多，故焦點多放在清代以前的考古發掘資料，以致清代墓葬發掘後鮮少公佈其具體發掘成果，造成考古紀年出土資料數量相對有限。

5. 礙於考古出土頂戴文物保存狀況不佳，以及發掘者與相關工作人員對頂戴特徵的不熟悉，清代墓葬發掘報告所測繪的圖稿，往往無法精準呈現文物的內部構造與紋樣特徵。

承如前述，缺乏有效的田野資料與準確考古出土資料的對應，導致相關研究僅能在清宮傳世服飾收藏下進行，雖其年代與資料來源上相對可靠，但僅將清代官服放在宮廷服飾脈絡下論述，更容易一再忽略帽頂與冠帽間的結構、設計原理、風格特色間的交互關係，甚至忽略其中涉及的民間消費問題。值得一提的是，在兩岸故宮所公佈的清宮舊藏帽冠資料裡，具有明確紀

年者寥寥無幾，〔註30〕若將頂戴裝飾風格進行時間排序則相對困難，致使官帽與頂戴的深入研究無法順利展開。

　　不同於兩岸故宮或西方研究者以中國宮廷服飾研究做為主要研究對象，由於地理與政治歷史發展因素，臺灣所傳世之清代官服等配件納入臺灣傳統漢人民俗服飾研究的範疇裡。但目前學界對於臺灣地區現有具明傳世的官家文物，較無完整的紀錄，以致相關的討論皆相當有限。即使有專門的報導，其資料內容也不符合文物研究之規範。現有頂戴的研究上仍處於文物介紹的階段，專門的學術研究成果相較大陸、西方國家更為匱乏。有趣的是，若將兩種研究脈絡相互比較，清代官服這種亦官亦民的模糊特質在此得以突顯出來。

三、研究方法

　　本文為探討臺灣清代漢人服飾文物議題的專門研究，其涉及到臺灣歷史時期物質文化的研究方法，對於官帽與頂戴這類帶有裝飾、政治、商品等多重特性物件的研究，若單一倚靠考古資料的定年、藝術史的風格分析又或是歷史文獻的對應都是不夠的，皆無法建構出特定物質文化的完整面貌。學者盧泰康認為未來臺灣歷史時期物質文化研究必須走向學科整合的趨勢，即歷史學、考古學、藝術史、科技檢測與文物保護等領域的交互研究，並進一步指出：

> 所謂的「學科整合」研究模式，應不只是在團隊研究中個別專家的策略性結合，或者是單純的資料引用，而更深層的「整合概念」，必須落實在研究者各人自身所實踐的「內在整合」，深入考量不同學科各自的特長與限制，針對個別議題本身的特性，在依照實際狀況需要，調整資料來源與研究方法的適切性。〔註31〕

　　此一概念深深影響著筆者，督促自己在從事研究工作時，必須以更開闊的視野與心胸來實踐。本次論文研究方法，便依據此一原則進行。在研究資料收集的前置作業上，主要可分成文獻資料與實物資料的收集兩類【圖1-1】。

〔註30〕清宮舊藏服飾文物中，部份文物會保留黃籤，註明進呈者姓名與進呈時間。
〔註31〕盧泰康，〈以臺灣歷史時期漢人物質文化研究的幾個案例——談學科整合研究的自我省思〉，《地下與地上的對話：歷史考古學研討會會議論文集》，臺北：中央研究院歷史語言研究所，2011 年 12 月，頁 14～8。

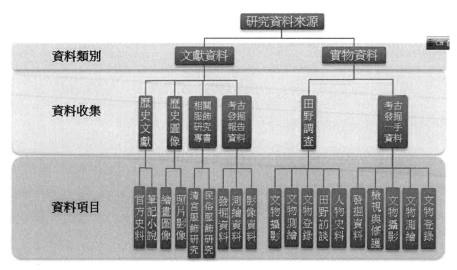

【圖 1-1】研究資料來源示意表

（一）文獻資料收集

首先在文獻資料收集的部分，其建立筆者完整的歷史時空架構，以及對官帽與頂戴的基礎認識，主要可分成歷史文獻、歷史圖像、考古發掘報告、服飾相關研究專書的收集。第一層為歷史文獻資料的收集，筆者先以官方制度與文獻記錄著手，諸如：《大清會典》、《清實錄》、《清史稿》、《大清會典則例》等官方史料文獻，釐清制度的轉變歷程。其次再參閱民間文獻，以清代筆記小說為主要核心，收羅清代前期至清末時人對官帽與頂戴的認識與理解，撰寫者多曾在朝為官亦有坊間文人者，皆具有重要的參考價值。

第二層為歷史圖像的建構，包括繪畫圖像與照片影像資料的收集，其與文字資料相輔相成，更有助於筆者理解官帽、頂戴與服飾間的穿戴方式，在部分風俗畫中甚至可以看到冠帽的消費行為，使吾人對於此議題的歷史認識能有更完整的面貌。

第三層為相關服飾相關研究專著的收集，以梳理相關議題的研究方法與趨勢，目前針對學界官帽與頂戴的專門研究篇幅不多，皆屬於短篇專文的論述，而國內外主流研究或相關文物的圖版資料多附屬於清代宮廷服飾研究之中，亦或是民俗服飾文物研究的範疇裡。

第四層為海內外考古發掘資料的收集，主要鎖定大陸地區，透過出土層位與遺物的年代判定，有助於頂戴年代的風格序列排比，並以藝術史的眼光進行分析。

（二）實物資料收集

然而，若只依賴諸多文字與圖版資料，仍不足以精準掌握官帽與頂戴間的結構關係，需透過對文物實際的觀察與檢視，方能找到過去曾被忽略的研究課題。故第二類的實物資料，即為對一手資料的收集，主要可以分成田野調查與考古發掘兩類。田野調查對象首先以具有明確傳世歷史年代有無分成兩層資料來源，前者主要為家族傳世之遺物，其具有明確的時間脈絡；後者為地方典藏單位或私人購買與受贈之藏品，文物的來源與使用時間較不明確。

筆者透過電腦網路或參觀地方文物館等媒介，找尋調查對象，確認有收藏或典藏官帽與帽頂文物者，發公函或致電接洽，並說明調查目的與工作項目。調查資料內容如下：

1. 文物攝影

使用 Sonyα 單眼相機與手持式電子放大鏡等儀器【圖 1-2】、【圖 1-3】，並擺放比例尺，將文物及其細節狀況進行影像拍攝紀錄，除了留存完整影像記錄外，更有助日後對工藝技法的深入研究。

【圖 1-2】筆者於國立傳統　　　　【圖 1-3】筆者於本校出土水學程
藝術中心進行文物攝影實況　　　　實驗室進行文物攝影實況

2. 文物測繪

運用真弧板（まご）、外徑規、圓規、游標卡尺、針尺、直尺等繪圖工具之輔助，對文物進行外觀與內部結構的多角度繪製【圖 1-4】、【圖 1-5】，可精準掌握文物的完整面貌及其細節特徵。

3. 檢視登錄

設計專屬的檢視登錄表，針對文物的名稱、收藏資訊、外觀描述、尺寸與保存狀況進行記錄與檢視【圖 1-6】、【圖 1-7】。

【圖1-4】筆者於國史館
臺灣文獻館進行文物測繪實況

【圖1-5】筆者於國立傳統
藝術中心進行文物測繪實況

【圖1-6】筆者於國史館
臺灣文獻館進行文物檢視登錄實況

【圖1-7】筆者於國立傳統
藝術中心進行文物檢視登錄實況

4. 田野訪談

　　為獲得文物收藏史的相關資訊，有助於文物年代的判讀，針對文物所有人進行訪談，過程中盡可能完整記錄收藏者對自家文物的歷史記憶與收藏脈絡【圖1-8】、【圖1-9】。

【圖1-8】筆者於臺南市南區訪問
張虞廷墓發現人杜百川先生實況

【圖1-9】筆者於屏東市訪問客家
進士江昶榮後人溫蘭英女士實況

5. 人物史料

　　方志、古籍、官方檔案等史料，除了找尋原物主的年代背景外，亦可與訪談資料交互比對，有助於判斷訪談資料，是否出現後世對過去記憶存在主觀認知與誇大的訊息。

6. 考古發掘、文物修護與科學檢測

　　除了田野訪查所獲得的一手資料外，考古發掘出土的文物資料亦扮演著舉足輕重的角色，筆者亦實際參與墓葬的考古發掘工作，深深體認到出土文物及其層位作為年代判定的重要性，以及隨葬品與墓主之間的對應關係，這涉及到埋葬行為的觀察。發掘以後，筆者進一步將出土的帽頂進行修護與加固實作【圖1-10】，部分結構亦進行非破壞性科學檢測分析【圖1-11】，其利於後續探討帽頂成分與產地的問題，同時藉此得以有機會觀察帽頂的內部結構。修護完成後亦進行影像、製圖與登錄工作，建立樣本資料，方得進行分析研究，達到跨領域整合研究目的。

【圖1-10】筆者針對臺南市水交社出土頂戴進行修護工作實況　　　【圖1-11】筆者針對臺南市水交社出土頂戴進行非破壞性檢測(XRF)操作實況

　　完成資料收集後，本次研究首先針對元明時期的帽頂及整體服裝形制發展脈絡進行疏理，釐清清代頂戴與前朝服飾間的延續性。其次以制度的角度，觀察清代的帽冠與袍服形制特徵及對應關係進行初步的理解，進而切入本文的重點核心，以中國與臺灣考古出土與傳世的頂戴為主軸，聚焦其造形、裝飾風格等項目進行年代序列的排比。透過類型的排序與比較，從頂戴內部結構、外部造形、媒材製作三個角度探討風格演變的過程。最後依據歷史文獻記載的帽子與頂戴的換戴方式、商品消費模式等議題與上述結果進行交互分析，討論清代頂戴有別於元明帽頂的設計意涵。文末會依照前面所得出的結果，針對幾件臺灣地方文物館藏的官帽進行年代與形制辨識。

第貳章　元明時期帽頂飾整體發展

一、元代帽頂

目前文獻上對於元代冠服的記載，主要以《元史》志七十八〈輿服一〉所記：

> 天子質孫，冬之服凡十有一等，服納石矢，金錦也。怯綿里，翦茸也，則冠金錦暖帽；服大紅、桃紅、藍紫、綠寶里。寶里，服之有襴者也，則冠七寶重頂冠。……夏之服凡十有五等，服答納都納石矢，綴大珠於金錦，則冠寶頂金鳳鈸笠；服速不都納石矢，綴小珠於金錦，則冠珠子捲雲冠；服納石矢，則帽亦如之。〔註1〕

上引文所見皇帝冬服用冠與夏服用冠皆綴以七寶重頂或金鳳頂的描述，但礙於考古資料與傳世文物資料的不足，我們尚不能明確知道御用帽頂的具體形制與材質，僅能從帝王肖像畫中去想像。

元代用頂的紀錄亦可見於當時的筆記小說中，所見陶宗儀《南村輟耕錄》〈回回石頭〉記載：「成宗大德間，本土巨商中賣紅喇石一塊於官，重一兩三錢，估直中統鈔一十四萬錠，用嵌帽頂上，自後累朝皇帝相呈寶重。」〔註2〕，另書中〈河南王〉記有：「河南王卜憐吉歹為本省丞相時，……一日行郊，天氣且喧，王易涼帽，左右捧笠待，風吹墜石上，擊碎御賜玉頂」〔註3〕，兩段引文皆提及元時上層階級極為珍視嵌有寶石或玉石材質的帽頂，後者更提到

〔註1〕　（明）宋濂、王禕，《元史》，臺北：鼎文書局，1977年，頁1983。
〔註2〕　（元）陶宗儀，《南村輟耕錄》，北京：中華書局，2008年，頁84。
〔註3〕　（元）陶宗儀，《南村輟耕錄》，北京：中華書局，2008年，頁185。

關於帽頂綴於笠帽的敘述，這在現有元代的圖像材料中亦可見到。

明代沈德符的《萬曆野獲編》卷二十六亦有元人用頂的描述：

> 近又珍玉帽頂，其大有至三寸，高有四寸者，價比三十年前加十倍，
> 以其可做鼎彝蓋上嵌飾鈕也。……元時除朝會後，王公貴人俱戴大
> 帽，視其頂之花樣為等威，嘗見有九龍而一龍正面者，為元主所自
> 御也。當時俱西域之國手所作，至貴者值數千金。本朝還我華裝，
> 此物斥不用。無奈為估客所昂，一時竟珍之，且不知典故，故云宋
> 物，其耳食者從而和之。〔註4〕

上引文可見玉頂乃作為元代帽頂而非宋玉之物的論述，並提及至明代亦將其
作為器蓋鈕飾。透過文獻的理解，大致透露元人可能主要以玉石或寶石做為
帽飾的材料。此外，《元史》中亦有明訂庶人不得在笠帽上飾以金質或玉質帽
飾的命令，〔註5〕故綜觀上述諸文獻可知，元代金質與玉質帽頂作為初步區
別官民身分的裝飾，但並未依照官員的等級做更詳細的材質區分。

（一）元代帽頂具體特徵

筆者進一步藉由考古實物與圖像的收
集，可知現有四件確定出自元代以及一件具
有元代特徵但年代不明的帽頂，但其外形材
質各異，以下僅針對元代帽頂整體形制與頂
座特徵進行初步分類如下：〔註6〕

1. 第一類

第一類為金銀頂，即頂座通器為金或銀
質製成，故可下分兩型：第Ⅰ型為全金頂座，
見內蒙古烏蘭察布市出土迦陵頻迦金帽頂
【圖 2-1】，〔註7〕頂珠散失，其一體成型，

【圖 2-1】迦陵頻迦金帽頂

（高 4.1cm、直徑 4.5cm，內蒙
古烏蘭察布市出土，引自 James
C. Y. Watt 2010，頁 298）

〔註4〕 （明）沈德符，《萬曆野獲編》（明代筆記小說大觀三），上海：上海古籍出版
社，2005 年，頁 2594～2595。

〔註5〕 （明）宋濂、王禕，《元史》，臺北：鼎文書局，1977 年，頁 1943。

〔註6〕 本次研究以清代帽頂為主，筆者缺乏實際上手觀察元明時期帽頂機會，故關
於元代玉頂的制作工藝與各時期特徵尚無法詳細辨識，故僅針對元代帽頂整
體形制與頂座材質特徵進行初步釐清。

〔註7〕 文物名稱與出土資料引自：蘇婷玲、陳紅，《蒙古民族文物圖典——蒙古民族
服飾文化》，北京：文物出版社，2008 年，頁 8。

可分為頂托與頂座兩層部位，頂托為四隻正面迦翎茄頻圍繞，頂座為正面八大金剛護持，金剛與金剛之間皆做鏤空貌，頂座底部見有一圈類菊瓣的鋸齒狀緣。

第 II 型為全銀頂座，見湖南臨澧新合元代窖藏出土的銀寶妝蓮花帽頂【圖 2-2】，主要分成座底與座托兩個部位。座托呈六瓣仰蓮花苞狀，中心見帶象鼻孔凹槽，原可能嵌有珠玉料石。座底紋飾可分成上下兩層，上層延續座托造型，採雙重淺浮雕覆蓮瓣紋；下層則作平面八瓣覆蓮瓣紋，瓣面內見飾以淺浮雕八寶圖像。

【圖 2-2】銀寶妝蓮花帽頂

（高 3.1cm、直徑 2cm，湖南臨澧新合元代窖藏出土，湖南省博物館藏，引自湖南省博物館，2009 年，圖版 219）

2. 第二類

為金包玉型帽頂，僅一型，見甘肅省漳縣元代汪世顯出土的長檐式鈸笠〔註8〕頂部【圖 2-3】、【圖 2-4】，主要可分為座底與座托兩個結構，座托為四瓣蓮瓣花苞式，頂端疑似嵌有不明珠石，座底為扁椎狀白玉，包鑲於荷葉形金片中。

3. 第三類

第三類為玉頂類，通器以半圓鈕狀玉料為主體，此類玉頂皆做平底，並見有一對或多對偶數象鼻穿孔，應作為縫綴之用，可依照其有無紋飾下分兩型：

〔註8〕甘肅省博物館，〈甘肅漳縣元代汪世顯家族墓葬〉，《文物》，1982 年第 2 期，頁 1～22。

【圖2-3】金包玉帽頂

（拍攝於甘肅省文物考古研究所，由拍攝者王鏡琳女士提供）

【圖2-4】長檐式鈸笠

（甘肅元代汪世顯墓出土，甘肅省文物考古研究所藏，引自：http://www.met-museum.org/，點閱日期2011年5月）

　　第 I 型帽頂為素面無紋飾玉頂，以江蘇無錫錢裕（1247～1320年）墓出土的玉帽頂為例【圖2-5】，其外形呈饅頭狀，下做平底並見兩對象鼻穿孔，應作為縫綴之用。

【圖2-5】玉帽頂

（江蘇無錫錢裕墓出土，引自徐琳，1999年，圖五、六）

　　第 II 型玉頂製作皆採用單一玉料進行鏤空透雕，關於該類玉頂在元代遺址的考古出土案例很多，〔註9〕多各別零星出土，其題材多為像生母題，如

〔註9〕　該類帽頂的發現分布範圍廣泛，多出土於元代灰坑、窖藏、地宮、墓葬等地，皆為不帶金屬座者，或許反映元代此類玉頂應不另行配座使用。如內蒙古包頭燕家梁遺址灰坑發現荷葉鷺鷥紋玉頂兩件。（見內蒙古自治區文物文物考

穿花蟠龍、春水秋山、鷺鷥荷葉、螭虎及鴛鴦等造形。以上海市青浦縣元代任氏墓（1323～1353 年）出土的一件玉頂為例【圖2-6】，該頂先將圓玉料一端切平，再進行鑽孔透雕，其母題為兩隻鷺鷥穿梭於荷葉底下。可惜該墓文物出土時曾經流散，考古出土脈絡已不完整，但墓中亦同時出土有各式瓷爐，故亦有學者推測該玉頂應作為爐頂之用。〔註10〕

【圖2-6】青玉蓮鷺紋頂

（上海市青浦縣元代任氏墓出土，引自古方，2005 年，頁 215）

現有元代冠帽綴以鏤雕玉頂的案例僅見王青墓【圖2-7】，據發掘報告指出，王青墓出土的一件四方瓦稜籐帽上綴有「料孔石」，〔註11〕應為該類鏤雕玉頂飾，類似形式亦可在圖像材料中見到。此外，現藏首都博物館藏〈征西大將軍靳碩像〉中【圖2-8】，主人翁靳碩即頭戴此種帽式，上綴有一圓鈕形物，且不見任何鑲以金座之特徵。

關於兩型帽頂的發展關係，鄧淑蘋認為，若考慮墓主年代其隨著社會的發展，應為素面無紋玉頂為早，爾後蒙古王公們對服飾逐漸考究，可能就在光素的玉頂上增添紋飾。〔註12〕

古研究所、包頭市文物管理處，《包頭燕家梁遺址發掘報告（上）》，北京：科學出版社，2010 年，頁 595、596）浙江省海寧智標塔地宮出土荷葉鷺鷥紋頂一件。（古方，《中國出土玉器全集（8）》，北京：科學出版社，2005 年 10 月，頁 224）上海松江區西林塔出土青金石鴛鴦蓮荷紋頂飾一件、荷葉鷺鷥紋玉頂數件、青玉雙螭紋頂飾一件兩件、青玉秋山頂飾一件等。（黃宣佩，《上海出土唐宋元明清玉器》，上海：上海人民出版社，2001 年 10 月，圖版八九～九五）四川省成都利民巷元代窖藏出土荷葉鷺鷥紋頂一件（古方，《中國出土玉器全集（13）》，北京：科學出版社，2005 年 10 月，頁 187）。

〔註10〕王正書，〈「爐頂」、「帽頂」辨識〉，《中國隋唐至清代玉器學術研討會論文集》，上海：上海博物館，2002 年 9 月，頁 277～287。

〔註11〕該件文物目前未發表彩色圖片，僅有考古出土報告之黑白附圖。大同市文物陳列館、山西雲岡文物管理所，〈山西省大同市元代馮道真、王青墓清理簡報〉，《文物》，1962 年第 10 期，頁 43。

〔註12〕鄧淑蘋，〈從「西域國手」與「專諸巷」論南宋在中國玉雕史上的重要意義〉，《慶祝嚴文明先生八十壽辰論文集（上冊）》，北京：北京大學，2012 年 4 月，頁 410。

【圖2-7】藤帽

（山西大同王青墓出土，引自大同市文物陳列館、山西雲岡文物管理所，1962年，圖版42）

【圖2-8】征西大將軍靳碩像

（局部，首都博物館藏，引自首都博物館，1989年，頁35）

【表2-1】元代帽頂形制分類表

金銀頂類		金包玉頂類	玉頂類	
第I型（純金頂）	第II型（純銀頂）	第I型（金包玉頂）	第I型素面玉頂	第II型鏤雕玉頂
迦陵頻伽金帽頂（出處同【圖2-1】）	銀寶妝蓮花帽頂（出處同【圖2-2】）	金包玉帽頂（出處同【圖2-3】）	玉帽頂（出處同【圖2-5】）	青玉蓮鷺紋頂（出處同【圖2-6】）

　　《中國隋唐至清代玉器學術研討會論文集》曾刊載一件出土自南京雨花臺鑲金座荷鷺紋玉爐頂，並標示其為元代之物【圖2-9】。〔註13〕但臺北故宮嵇若昕提認為該帽頂可能出自於明墓，其功能應可參考烏蘭察布市出土的迦陵頻迦金帽頂（文中稱為「金翅鳥金帽頂」）。〔註14〕

〔註13〕王正書提到雨花臺應為明代墓葬，認為該器為明代所傳世的元代之物，又因該墓辦出有香爐器，故推測為爐頂之用，見王正書，〈「爐頂」、「帽頂」辨識〉，頁282。

〔註14〕嵇氏亦認為該器為縫綴於帽上之帽頂，見嵇若昕，〈元代的玉帽頂——從臺北

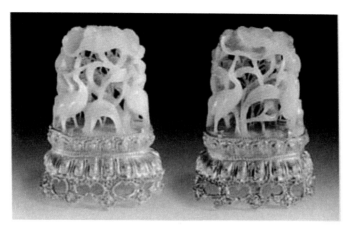

【圖 2-9】鑲金座荷鷺紋玉爐頂

（寬 7.3cm、高 5.3cm，江蘇省雨花臺炸藥廠出土，南京市
博物館藏，引自上海博物館，2002 年，圖版 36）

該帽頂特徵為玉頂金座，玉頂作鏤空荷葉鷺鷥紋，金座可分仰蓮式座托
與附蓮式座底，座底下層又見一環鳶尾花式鏤空花邊。其頂座樣式近似明代
梁莊王墓出土的金鑲玉座帽頂，故其功能作為帽頂的機率較高。若同時考慮
到鑲邊鏤空風格又與第一型金帽頂類似。因此關於此帽頂的確切年代，筆者
暫時存疑，若為元代之物，即可在鏤雕玉頂類另闢新的型式。

（二）元代帽頂所應用帽式與服飾

若將元代帶有帽頂的冠式實物與圖像進行比對【表 2-2】，可以發現到有
趣的現象，所見帽頂大多出現於帶檐的笠帽上，明葉子奇《草木子》：「元代
官民皆帶帽，其檐或圓、或前圓後方，或樓子……。」〔註15〕。若從《元史》
卷一一四〈后妃〉條，亦可看到關於這類帽檐設計的描述：「胡帽舊無前簷，
帝因射日色炫目，以語后，后即益前簷。帝大喜，遂命為式」。〔註16〕由此可
知其功能主要作為防日曬之用，並在服裝上搭配有質孫服（指直身袍或辮線
袄），有時外搭半臂。

若同時參考元代的其它帽飾，在〈征西大將軍靳碩像〉中，靳碩及其侍
從配戴的四方瓦稜帽與鈸笠帽緣下，皆繪有橄欖形與球形珠串繫於頸間，這

<hr>

故宮博物院所藏白玉秋山帽頂談起〉，《中國隋唐至清代玉器學術研討會論文
　　集》，上海：上海博物館，2002 年 9 月，頁 270。
〔註15〕（明）葉子奇，《草木子》，北京：中華書局，2010 年，頁 61。
〔註16〕（明）宋濂、王褘，《元史》，頁 2872。

【表 2-2】元代帶頂帽式與服式對應表

		帽　式		搭配服式
拔笠帽類	I型	短檐式鈸笠（筆者線描出處同元仁宗像）	元・元仁宗半身像（臺北故宮博物院藏，引自陳夏生，1987 年，頁 93）	直身袍　　半臂（筆者線描直身袍自 James C.Y. Watt 2010，圖 107；線描半臂自 James C. Y. Watt 2010，圖 146）
	II型	前圓後方短檐式鈸笠（汪世顯墓出土，筆者線描自甘肅省博物館，1982 年，圖版 1-1）	元・元世祖出獵圖（局部，臺北故宮博物院藏，引自國立故宮博物院，2011 年，頁 299）	直身袍　　半臂（筆者線描直身袍自 James C.Y. Watt 2010，圖 107；半臂線描自 James C. Y. Watt 2010，圖 146）
	III型	長檐式鈸笠（汪世顯墓出土，筆者線描出處同【圖 1-3】）	內蒙古赤峰市三眼井元代壁畫墓（局部，引自項春松，1982 年，圖版 7-1）	辮線袄　　半臂（筆者線描辮線袄自 James C.Y. Watt 2010，圖 105；線描半臂自 James C. Y. Watt 2010，圖 146）
瓦稜帽類	I型	四方瓦稜藤帽（筆者描繪出處同征西大將軍靳碩像）	元・征西大將軍靳碩像（局部，首都博物館藏，引自首都博物館，1989 年，頁 35）	直身袍　　辮線袄（筆者線描直身袍自 James C.Y. Watt 2010，圖 107；線描辮線袄自 James C. Y. Watt 2010，圖 105）

樣的圖像亦可於元代帝王所配戴鈸笠帽的形象中見到。然而，實際文物案例僅見汪世顯墓出土的長檐式鈸笠上，可知其做為帽飾的必要配件，且不拘冠帽形式。故藉由圖像與實物案例中，元代的帽頂是否也具備可同時裝飾在各類冠式的特質，還有待進一步的佐證。

　　【表2-2】中所見圖像人物皆著以諸類服飾，其身份含括帝王、官員、侍從等，可見笠帽的使用含括各個社會階層。因此，帽上頂飾之有無即可作為貴賤憑證，這與文獻中的描述有所對應，但由於出土的文物有限，不同形制的帽頂是否會影響其所裝飾的帽型，則需更多的考古資料方能梳理。

二、明代帽頂

　　關於明代是否保留帽頂使用文化，由於明代的筆記文獻紀錄多集中記載元代的玉帽頂，故使部分學者認為明代服飾已拋棄元服，並束髮不再使用帽頂，且知明代有改元玉帽頂為爐頂的現象。[註17] 然而，若仔細翻閱明實錄等相關文獻，可以發現明代仍有帽頂的使用紀錄，其中鑲寶石帽頂甚至作為臣子進獻天子的貢品。

　　明代的帽頂使用記錄首見於官方文獻，見《明實錄》於洪武六年（1374）四月的記載：

> 凡服色，職官一品、二用雜色文綺、綾羅、彩繡，帽頂、帽珠用珠
> 玉；三品至五品……帽頂用金，帽珠除玉外隨所用；六品至九品……
> 頂用銀，帽珠用瑪瑙、水晶、香木。[註18]

明代開國之初，在官員服飾使用上仍處於蒙漢服式的過渡時期，以致朝廷嘗試將官員用帽頂初步劃分三個層級，首先一二品官員的帽頂或帽珠皆用玉質；第二層為三品至五品官，其帽頂用金，帽珠可用玉以外之材質。第三層為六品至九品，帽頂用銀，帽珠僅能使用瑪瑙、水晶、香木材質。文中所謂的「帽頂」採用玉、金、銀等材質，而「頂珠」則使用玉、瑪瑙、水晶、香木等無機礦物或珍貴有機材質，故不排除帽頂意指嵌頂珠之頂座。

　　由文獻可知，明代官員頂制處於草創，故對於帽頂具體形制並未有明確規範，且在材質的使用上仍給予多種的選擇，僅有在頂座材質上限制單一材

〔註17〕徐琳，〈元錢裕墓、明顧林墓出土部分玉器研究〉，《中國隋唐至清代玉器學術
　　　　研討會論文集》，上海：上海博物館，2002年9月，頁299。

〔註18〕黃彰健校刊，《明太祖實錄》，臺北：中央研究院歷史語言研究所，1962年，
　　　　頁392。

質選項。

　　綜覽《明實錄》之紀錄，自洪武朝以後，關於帽頂的文獻零星散落於地方鎮守太監的進獻與查抄官員家產的清冊中，筆者按時間先後排序，首先見正統十一年（1446）十一月記載：

> 戊辰，鎮守雲南太監蕭保遣千戶葉瑛詣京貢馬及金寶石帽頂等物。
> 至湖廣松滋縣界，風浪覆舟，止存馬餘皆漂沒。禮部官欲置瑛于法，
> 上命宥之。〔註19〕

弘治元年（1487）七月記載：

> 巡按雲南監御史何悌言：「陛下即位以來，節冗費去珍玩，又詔天下
> 毋得違例。貢獻天下臣民無不仰戴。今鎮守太監王舉欲貢金廂寶石
> 帽頂，不宜受之以玷新政。」上曰：「進貢之事已禁止，舉又何得妄
> 為。禮部即諭止之，并通行各鎮守官毋得違犯。〔註20〕

另萬曆十一年（1583）正月記載：

> 總督東廠太監張鯨等題會，同錦衣衛都督同知劉守有等，抄沒犯人
> 馮保并伊弟侄馮佑等及張大受、徐爵等家財金銀、睛碌珠石、帽頂、
> 玉帶書畫等件，並新舊錢各色蟒衣紵絲紬絹無算……。〔註21〕

以上三筆文獻顯示地方鎮守太監多上貢金鑲寶石帽頂給皇帝，應作為明代帽頂中最上等的帽頂品項。此外，吾人可以得知明代帽頂的使用紀錄從十四世紀末一直沿用至十六世紀，雖然記錄較為零星，但反應明代仍有帽頂的使用。

　　此外，《天水冰山錄》中記載明代首輔嚴嵩（1480～1567）於嘉靖年間查抄家充公之帳冊，裡面記有帽頂三十五箇共八種品目，分別為：

> 金廂珠寶帽頂三箇、金廂珠帽頂三箇、金廂玉帽頂一箇、金廂綠寶
> 石帽頂一箇、金廂青寶石帽頂一十三箇、金廂紅寶石帽頂五箇、金
> 廂黃寶石帽頂一個、金廂寶石帽頂八箇。〔註22〕

從查抄的清單可以得知，高級官員同樣使用金鑲寶石帽頂，且鑲嵌寶石種

〔註19〕黃彰健校刊，《明英宗實錄（下）》，臺北：中央研究院歷史語言研究所，1962
　　　年，頁3093。

〔註20〕黃彰健校刊，《明孝宗實錄》，臺北：中央研究院歷史語言研究所，1962年，
　　　頁5541。

〔註21〕黃彰健校刊，《明神宗實錄（上）》，臺北：中央研究院歷史語言研究所，1962
　　　年，頁10813。

〔註22〕不著撰人，《天水冰山錄》（附錄一），北京：中華書局，1985年，頁59。

類各異，其中亦有「金廂（鑲）玉帽頂」，或許可做為南京雨花臺鑲金座荷鷺紋玉爐頂的時代參考，其下限應不晚於十六世紀中葉。

關於明代其它冠飾類型，清康熙年間張廷玉奉敕編纂《明史》，於〈輿服志〉提及正德年間有賞賜翎羽的案例：

> 正德十一年（西元1516年）設東西兩廳官。都督江彬等承日紅笠之上，綴以靛藍天鵝翎以為貴，飾貴者三英、次者兩英；兵部尚書王瓊得賜一英，冠以下教塲，自謂殊遇。〔註23〕

該引文亦記有明代官員蒙賜染色天鵝翎的記錄，並以此為殊榮。

儘管上述諸文獻中皆明確指出明代即有訂定頂制的規範及翎羽的使用，卻集中於皇帝及高級官員的紀錄上，故現階段較無法得知一般官員的使用情況。然而值得注意的是，明代初期的頂制與往後文獻所見的帽頂特徵，皆不見於《大明會典》的百官常服制中，會典僅提及士庶冠服：「未入流品者，帽不得用頂，帽珠許用水晶、香木」〔註24〕。若考慮大明會典成書時間，皆晚於洪武六年（1374）的定制，藉此可合理推測，當明代冠服制度確立以後，以唐宋的漢式冠服為主體，而蒙元風格的冠服頂飾逐漸退居次位，非官方服制的主流，故在帽頂的使用規制亦不刻意多加著墨，甚至未區分帝王與官員頂制之別，僅要求非有品銜之庶士不得使用帽頂，唯准用水晶或香木帽珠。

（一）明代帽頂具體特徵

目前明代的墓葬考古發現帽頂的實際案例，僅見湖北省梁莊王墓出土的幾件金鑲寶石帽頂，其頂座寶石鑲嵌技法與纍絲紋樣皆常見於明代其它金鑲寶石首飾當中，若姑且不論部分金鑲玉頂的鏤雕玉頂來源，仍可將之視為明代的產品，以下可大致分為三種類型【表2-3】：

1. 第一類

第一類為鑲寶石帽頂，上嵌有藍寶石，主要可分為頂珠、座托、座底三層結構，其又可下分兩型（見【表2-4】）：

第I型僅一式，特徵為仰蓮重瓣式座托，座托蓮瓣皆鑲以紅寶石；其座底為五瓣覆蓮式，鑲以紅、藍寶石相間，頂珠無色藍寶石由一金絲貫穿。

〔註23〕（清）張廷玉等，《明史》，北京：中華書局，1974年，頁1638。
〔註24〕（明）申時行等修、趙用賢等纂，《大明會典》（續修四庫全書），上海：上海古籍，2002年，頁250。

【表2-3】明代帽頂形制分類表

金鑲寶石帽頂類			金鑲鏤雕玉帽頂類		金纍絲鑲寶石類
I型	II型	III型	I型	II型	I型
金鑲無色藍寶石帽頂（出處同【表2-3】）	金鑲淡黃色藍寶石帽頂（出處同【表2-3】）	金鑲藍寶石帽頂（出處同【表2-3】）	金鑲寶石白玉鏤空龍穿牡丹紋帽頂（出處同【表2-4】）	金鑲寶石白玉鏤空雲龍紋帽頂（出處同【表2-4】）	金纍絲鑲寶石帽頂（出處同【圖2-9】）

【表2-4】第一類帽頂形制分類表

I型	II型	
	i式	ii式
金鑲無色藍寶石帽頂，高7.5cm，底徑4.8cm，湖北梁莊王墓出土（棺：28）（引自湖北省考古文物研究所，2007年，彩版151）	金鑲淡黃色藍寶石帽頂，高4.8cm，底徑5.2cm，湖北梁莊王墓出土（棺：31）（引自湖北省考古文物研究所，2007年，彩版152）	金鑲藍寶石帽頂，高3.9cm，底徑5.1cm，湖北梁莊王墓出土（後：96）（引自湖北省考古文物研究所，2007年，彩版153）

　　第II型座托雖為仰蓮式，卻無鑲嵌寶石，蓮瓣座托上方則有蓮珠紋嵌座，又可依座托蓮瓣型式與鑲嵌寶石方式的不同下分兩式：第i式座托的蓮瓣呈花苞狀，托狀高直；座底蓮瓣鑲嵌各色寶石，嵌槽面積寬大低淺。第ii式座托呈仰式蓮瓣座，托狀低淺；座底蓮瓣鑲嵌紅寶石珠，嵌槽立體窄小，且見有爪釘設計，是為爪鑲法。

　　2. 第二類

　　第二類帽頂為金嵌鏤雕玉龍，皆無座托，依其翎管有無可下分兩型（見【表2-5】）：第I型為頂座為覆蓮重瓣式亦鑲嵌寶石，鏤雕玉龍的嵌座為兩層

連珠紋設計。第 II 型除一側裝有開叉式翎管，底座中空且於頂部嵌面上設有四支爪釘以扣住玉龍。整體來說，第二類帽頂體積較第一類帽頂大。

【表 2-5】第二類帽頂形制分類表

I 型	II 型

金鑲寶石白玉鏤空龍穿牡丹紋帽頂，高 6.3cm，底徑 5.9～6.6cm，湖北梁莊王墓出土（棺：33）（引自湖北省考古文物研究所，2007 年，彩版 156）	金鑲寶石白玉鏤空雲龍紋帽頂，高 7cm，底徑 7～7.8cm，湖北梁莊王墓出土（棺：32）（引自湖北省考古文物研究所，2007 年，彩版 156）

3. 第三類

該帽頂頂座做四重纍絲樣式【圖 2-10】，座托頂端寶石已散佚，上兩重為仰蓮式座托，兩重間鑲以一環紅寶石；座托下為一圈纍絲圈捲草鑲紅藍寶石，其上下與座底座托接用一箍形結構區隔，再下一層為座底，採纍絲覆蓮式，每片花瓣各鑲以紅藍寶石相間。其鑲嵌寶石的方式同第一類－II 型－ii 式，採包覆形式並於每個嵌面作三支爪釘扣住寶石。

【圖 2-10】金纍絲鑲寶石帽頂

（高 3.4cm、底徑 5cm，湖北梁莊王墓出土，棺：35，引自湖北省考古文物研究所，2007 年，彩版 154）

（二）明代帽頂所應用帽式與服飾

透過梳理明代的出現帽頂的冠帽與服飾，可知部分帽形除延續元代的笠帽造形。同時，藉由兩岸故宮所藏的〈明宣宗射獵圖軸〉、〈明宣宗行樂圖〉與〈入蹕圖〉、〈明憲宗行樂圖〉等作品中，可以發現宣宗、憲宗時期的貴族服飾仍保留元代服飾的影子，並在帽上綴有帽頂其中部分人物帽頂後方亦配有兩根明顯的翎羽，可與梁莊王墓出土第二類——II 式帽頂的翎管設計有所呼應。藉由以上現象，可以合理推斷明代著元服與綴帽頂的風氣並沒有因為朝代的更替而完全被取代〔註25〕。

湖北省梁莊王墓出土的帽頂過去被認為是元代之物，〔註26〕雖然不確定其中金鑲玉帽頂上鏤雕玉龍確切的製作年代，但其頂座的鑲嵌寶石技法多為依原石鑲嵌，與之應用纍絲工藝皆為明代貴族墓出土金鑲寶石首飾常用之裝飾技法，且諸多帽頂特徵皆能與《冰水天山錄中》中的帽頂名稱有所對應，更加證明該批帽頂為明代製品的可能性。值得一提的是，梁莊王墓亦出土一件髹漆鐵盔，其形式與〈明宣宗射獵圖軸〉中明宣宗頭戴的盔式帽類似，雖帽頂出土時未與盔式帽放在一塊，但亦不能排除考慮兩者的關係。

關於帽頂所屬的服飾特徵，元代的質孫服至明代則發展成為「**裰襬**」（曳撒），〔註27〕是一種於下擺作有多道衣摺的特別服裝形式，亦稱「大摺」。〔註28〕【表2-6】中可見帽飾在對應的形象上仍以馬上射獵或便裝的形式出現。

三、小結

綜觀考古出土的實物特徵，元明時期的帽頂座底皆見有繫孔的設計，可見此時的帽頂乃縫綴於帽子上。倘若回歸整體的服飾發展，可知明代在戎裝的部分仍多沿襲前朝的形式設計，故在帽頂的樣式結構上必會依循此特點。沈

〔註25〕 2011 至 2012 年陸續有學者提出梁莊王墓出土帽頂為明代帽頂的看法，參見：揚之水，《奢華之色——宋元明金銀器研究》卷 2，北京：中華書局，2011 年1 月，頁 122；陸錫興，〈明梁莊王墓帽頂之研究——兼論元明時代大帽和帽頂〉，《南方文物》，2012 年第 4 期，頁 69～97。

〔註26〕 湖北省博物館，《梁莊王墓——鄭和時代的瑰寶》，北京：文物出版社，2007 年，頁 37～38。

〔註27〕 羅瑋，〈明代的蒙元服飾遺存初探〉，《首都師範大學學報》，2010 年第 3 期，頁 24～26。

〔註28〕 黃能馥、喬巧玲，《衣冠天下——中國服裝圖史》，北京：中華書局，2009 年，頁 257。

【表2-6】明代帶頂帽式與服式對應表

		帽　　形			所屬服式
鈸笠帽類	I式	 鈸笠（筆者描繪出處同明宣宗射獵圖軸）		明·明宣宗射獵圖軸（局部），北京故宮博物院藏（引自「北京故宮博物院資料搜尋系統」：http://www.dpm.org.cn/www_oldweb/Big5/E/E23/wenwu/35.htm，點閱日期 2012 年 6 月 2 日）	 直身袍 （筆者線描直身袍出處同【表一】直身袍）
	II式	 大帽（筆者描繪自《三才圖會》，頁 1502）		明·王琼事跡圖冊—經關三略（局部），中國國家博物館藏藏（引自中國國家博物館，2006 年，頁 21）	 飛魚服 （筆者線描自黃能馥、喬巧玲，2009 年，圖 9-22）
盔帽類	I式	 髹漆鐵盔，梁莊王墓出（前：73）（筆者描繪自湖北省考古文物研究所，2007 年，彩版 107-2）		明·宣宗射獵圖軸（局部），北京故宮博物院藏（引自「北京故宮博物院資料搜尋系統」：http://www.dpm.org.cn/www_oldweb/Big5/E/E23/wenwu/35.htm，點閱日期 2012 年 6 月 2 日）	 直身袍　　比甲 （筆者線描直身袍出處同【表一】直身袍；線描對襟式無袖服出處同明宣宗射獵圖軸）
	II式	 盔式帽（筆者線繪出處同入蹕圖）		明·入蹕圖（局部），臺北故宮博物院藏（引自「國立故宮博物院典藏資源系統（繪畫類）」：http://www.npm.gov.tw/zh-tw/Article.aspx?sNo=04001152，點閱日期 2011 年 6 月 15 日）	 直身袍　　比甲 （左圖筆者描繪出處同【表一】直身袍；右圖描繪出處同明宣宗射獵圖軸）

翻簷帽類	I式	翻簷式氈帽（筆者線描出處同明憲宗調禽圖軸）		明，憲宗調禽圖軸（局部），中國國家博物館藏藏（引自中國國家博物館，2006年，頁15）	褃褶（筆者線描自中國社會科學院考古研究所、定陵博物館、北京市文物工作隊，1990年，圖121）
	II式	纏粽帽（筆者線描自《三才圖會》，頁1505）		明，宣宗射獵圖軸（局部），北京故宮博物院藏（引自「北京故宮博物院資料搜尋系統」：http://www.dpm.org.cn/www_oldweb/Big5/E/E23/wenwu/35.htm，點閱日期2012年6月2日）	對襟式長袖服（筆者線描出處同明宣宗射獵圖軸）

得符於《萬曆野獲編》對玉頂飾做為元代貴族帽飾的論述，有可能是透過他人對於宣德－正德玉頂亦作為帽頂的認知加以詮釋，因此「本朝還我華裝，此物斥不用」〔註29〕的說法若參考現有實物與圖像材料，則有待商榷。但可以知道的是，明代玉頂可同時作為爐頂、帽頂之用，故單就思考玉頂飾這類玉器之功能時，不能斷然二分其用途。

　　明梁莊王墓出土帽頂之頂座製作工藝與裝飾風格推測應屬明代之物，其所屬年代與正統六年（1441）及宣德時期（1426～1435）的狩獵、行樂圖題材繪畫，在時空上具有密切的連繫。清光緒年間陸心源著《儀顧堂集》〈卷二‧翎頂考〉中曾提及：「翎頂，我朝定制也，而不知前明以為之。……」，〔註30〕陸氏另外透過《明史》〈輿服志〉對明代帽頂的紀錄，指出明清皆有翎支與帽頂的使用，並考慮兩朝帽頂之制起始時間的落差，提出明清兩朝帽頂的發展應有各自的脈絡。〔註31〕由於《明史》完成的時間與前朝已相隔百年，且明代官員墓葬發掘尚未有出土帽頂的案例，而僅見於繪畫作品的描繪，故我們對明代帽頂的使用模式仍不甚清晰，但從梁莊王墓出土見有帶有翎管的玉帽

〔註29〕（明）沈德符，《萬曆野獲編》卷二十六，頁2594～2595。
〔註30〕（清）陸心源，《儀顧堂集》卷二，北京大學圖書館藏本，頁159。
〔註31〕（清）陸心源，《儀顧堂集》卷二，北京大學圖書館藏本，頁161～162。

頂，似乎可與文獻與圖像的描述有所呼應。

綜觀元明的服飾發展，雖然在歷史文獻上可以看到關於明人還以華裝，取法唐宋之制的紀錄〔註 32〕，但從物質文化角度來檢視，這種所謂的排斥，並非全然鄙棄，袘襒等帶有元代風格的服飾即是一種狩獵文化的延續，雖處於一種非正式的官方服飾形制，卻也為往後清代服飾創制的設計注入很重要的元素。

〔註 32〕（明）徐學聚，《國朝典彙》，北京：書目文獻出版社，1996 年 7 月，頁 1405。

第參章　清代頂戴的創制與角色

一、清代頂戴制度的創制歷程

　　元明以來的寬檐笠帽與翻檐氈帽亦同時為女真人所用，至清代演變成「涼帽」與「煖帽」。關於女真人穿戴涼煖帽之文獻，見後金努爾哈赤時期《建州聞見錄》記載建州女真人：「所戴之笠，寒暖異制。夏則以草結成，如我國農笠而小；冬則以毛皮為之，如我國胡耳掩之制，而縫合其頂，上皆加紅毛一團飾。」〔註1〕，從朝鮮國官員的觀察可知，女真人於入關前所用之夏季涼帽以草編製而成，而冬季煖帽則以獸皮製作，兩種帽式皆會加以紅毛一團作為裝飾，即所謂「帽纓」。

（一）清代頂制的萌芽

　　若要討論女真人何時開始將帽頂做為官方冠服配飾的紀錄，最早可追溯至天命六年（1621）十一月二十六日，太祖努爾哈赤曾諭：「著爾等以賞賜總兵官、副將之金制頂子。至于參將、游擊、備御以上諸官，各以紙包金並附文送交各貝勒，由各貝勒之工匠給造。」〔註2〕自天命六年七月開始，努爾哈赤首先參照明朝的官服制度，針對貝勒轄下官員等衣著進行劃分，〔註3〕並於

〔註1〕原文引自李民寏，〈建州聞見錄〉，《柵中日錄校釋、建州聞見錄校釋》，瀋陽：遼寧大學歷史系，1978年10月，頁54。

〔註2〕滿文原文見吳元豐，《內閣藏本滿文老檔》（第六函、第七函），瀋陽：遼寧民族出版社，2009年，頁2459；漢文譯文見同系列《內閣藏本滿文老檔》（太祖朝），頁96。

〔註3〕努爾哈赤於天命六年七月初八諭：「諸貝勒服四爪蟒補服，督堂、總兵官、副將服麒麟補服，參將、游擊服獅補服，備御、千總服彪補服。」見吳元豐，《內閣藏本滿文老檔》（太祖朝），頁78。

十一月以直接賞賜金頂或間接給予原料等方式，進一步推行配戴金頂的政策。
〔註4〕

　　天命年八年（1623）六月十三日，又諭：

> 汗賜以職銜之諸大臣，皆賞戴金頂大涼帽，著華服。諸貝勒之侍衛
> 皆戴菊花頂涼帽，著華服。無職巴牙喇（bayara，漢譯：護軍）之隨
> 侍與無職良民，夏則戴菊花頂新紗帽，著藍布或葛布之披領，春秋
> 則著毛青布批領。若於行圍及軍事，則戴小雨纓笠帽。於鄉屯街道，
> 則永禁戴釘帽纓之涼帽。禁著紗羅，將紗羅與婦人衣之。〔註5〕

文中之「金頂」在滿文稱作「aisin jingse」，意謂「金色或金質帽頂」，從字面
上僅知其帽頂成色或材質，而未知其造形。另一種帽頂名為「菊花頂」，滿文
唸作「moncon」，光靠其字面並無法清晰呈現確切造形或材質。〔註6〕

　　後金時期的帽頂在文獻中並無具體規定形制，且由各貝勒轄下工匠自行
鑄造。但透過上述兩筆資料可知，清代冠頂制度首先出現萌芽階段，冠帽上
有無金頂作為區分官民的基本方式。在此萌芽以後，清代頂制開始陸續歷經
草創期、發展期與成熟期等三主要創制歷程。

（二）清代頂制的草創期

　　皇太極於天聰五年（1631），參照《大明會典》下設六部制，清代官員制
度逐漸融合明代的行政階級制度，官員等級劃分亦日趨細緻。崇德元年（1636）

〔註4〕王雲英，《清代滿族服飾》，瀋陽：遼寧民族出版社，1985年12月，頁63。

〔註5〕滿文原文見吳元豐，《內閣藏本滿文老檔》（第六函、第七函），頁2459；漢文
　　　譯文見同系列《內閣藏本滿文老檔》（太祖朝），頁189。其它早期關於同段
　　　文句之翻譯亦可見王雲英版「命有爵大臣，皆冠所賜之金頂大涼帽，衣華服。
　　　諸貝勒之侍衛者，冠菊花頂涼帽，衣華服。無職之侍衛、隨侍及良民，於夏
　　　則冠菊花頂之新式帽，衣粗藍葛布裙。其行圍之兵，冠小雨纓笠帽，戴帽時，
　　　禁止往來屯街。勿衣紗、羅。紗、羅使婦人衣之。」（王雲英，《清代滿族服
　　　飾》，頁74。）之後，中國第一歷史檔案館與中國社會科學院歷史研究所於
　　　1990年亦出版另一翻譯版本，其語意邏輯較王版清晰，大抵內容與吳版一致，
　　　故不在此贅述內容。見中國第一歷史檔案館、中國社會科學院歷史研究所，
　　　《滿文老檔》，北京：中華書局，1990年3月，頁512。

〔註6〕關於菊花頂的形制，福格《聽雨叢談》之〈紅絨結頂〉條提到：「御用常冠、
　　　皇子常冠皆用紅絨結頂（俗謂算盤結）。國初未定常冠頂戴之制，時品官及士
　　　族子弟，皆用紅絨不結頂（俗謂菊花頂），舊制曰尖纓冠，其制如江南楊梅半
　　　顆。今外誤以菊花頂為紅絨結頂，非也。」按文意推測，菊花頂其樣式近似
　　　紅絨結頂，故在清代容易被混淆，在後金時期做為仕紳常民帽頂頂式。見
　　　（清）福格，《聽雨叢談》，北京：中華書局，1984年8月，頁8～9。

大清國號創立，皇太極針對官員服制進行另一次的改制，此次正式將親王、郡王、貝勒、貝子及以下官員的頂制進行區分【表 3-1】，即另外在金頂上鑲嵌各類東珠或寶石，透過頂座節數與嵌東珠數、寶石種類等方式加以鑑別階級，此一方法作為爾後清代頂制設計邏輯的開端。

【表 3-1】崇德朝冠頂定制表

	頂　制	冠　飾
和碩親王	連托共 3 節，綴東珠 8，嵌寶石	前金佛 4；後金花 3
多羅郡王	連托共 3 節，綴東珠 7，嵌寶石	前金佛 4；後金花 3
多羅貝勒	連托共 3 節，綴東珠 6，嵌寶石	前金佛 4；後金花 3
固山貝子	連托共 2 節，綴東珠 5，嵌寶石	前金佛 4；後金花 3
超品一等公	金頂嵌東珠 1	無
世襲公、固山額真、昂邦章京、六部承政	金頂嵌各色寶石	無
甲喇章京、護軍甲喇章京、六部參政	銀頂鍍金嵌水晶	無
梅勒章京、戶軍纛章京	銀頂鍍金	無
牛彔章京	無	無
侍衛、什長	無	僅綴有藍翎
右都察院、蒙古衙門各執事	無	無

註：該表整理自吳元豐，《內閣藏本滿文老檔》（太祖朝－漢文譯文），瀋陽：遼寧民族出版社，2009 年，頁 705～706。
額真：主。
章京：滿語 Jakirukci，意指管理者。

（三）清代頂制的發展期

　　女真人入關以後，伴隨著帝國版圖的擴大與行政體制的急遽轉變，清代頂制進入密集的發展期，主要可分做兩個階段，第一階段為建國之初，順應爵秩與官秩的劃分所制定，是為品級上的擴充（縱向擴充）。第二階段為帝國強盛時期，各項朝儀禮節形式得以充分發展，藉此促使帽頂樣式增加，官員帽頂由一式增加兩式，以加強清朝服儀文化之涵養，是為形制上的擴充（橫向擴充）。

1. 第一階段

順治元年（1644），清代官員制度逐漸融合明代的官員階級制度，官員等級劃分亦日趨細緻，因此朝廷首先針對攝政王至輔國公貴族用頂進行劃分，共分七等（【表 3-2】，順治元年）。然而建國之初，新式官員冠服之制尚未獲得全面的確立，地方上仍有諸多前朝遺臣服用明代的服制，〔註7〕隨著官職品秩的確立，朝廷陸續針對官員冠服的樣式進行多番的擬定，其中針對冠頂之形制，順治二年（1645）閏月：「諭禮部公侯文武各官應用帽頂，〔註8〕次第酌議繪圖來看欽此，欽遵恭捧到部□〔註9〕國制參酌時宜，擬為十三等，僅繪圖貼說進呈」〔註10〕，朝廷將官秩自公以下至外郎耆老共分成十三等進行劃分（【表 3-2】，順治二年），雖然文中所提的圖樣並未隨文獻檔案留下，但已明確顯示此時官方有意識針對冠頂的外觀形制進行統一的設計。

【表 3-2】順治元年（1644）與順治二年（1645）冠頂定制對照表

	順治元年		順治二年	
	頂　制	冠　飾	頂　制	冠飾
攝政王	東珠 13 顆	前金佛嵌東珠 13 顆；後花嵌東珠 7 顆	--	--
輔政于親王	冠頂 3 層，上銜紅寶石，嵌東珠 10 顆	前舍林嵌東珠 5 顆；後花嵌東珠 4 顆	--	--
郡王	冠頂 3 層，上銜紅寶石，嵌東珠 8 顆	前舍林嵌東珠 4 顆；後花嵌東珠 3 顆	--	--

〔註7〕順治元年七月，山東巡撫朱朗榮曾向攝政王多爾袞奏稱：「中外臣公，皆以衣冠禮樂，覃敷文教，頃聞東省新補、監、司三人，俱關東舊臣。若不加冠服以臨民，恐人新驚駭，誤以文德興教之官，疑為統兵征戰之將。乞諭三臣，各制本品紗帽、圓領，臨民理事。」請旨在滿洲官員冠服未定前，先行讓地方官員著本品明式紗帽與圓領公服行政，故攝政王下諭：「目下急剿逆賊，兵務方殷，衣冠禮樂，未遑制定。近簡用各官，姑依明式，速制本品冠服，以便莅事。其尋常出入，仍遵國家舊制。」允應官員其官服可暫用明式，其餘日常服用仍需照滿州樣式。王雲英，《清代滿族服飾》，瀋陽：遼寧民族出版社，1985 年 12 月，頁 85。

〔註8〕約缺九字。中央研究院歷史語言研究所，《明清史料》卷冊：丙 03，1936 年 11 月，臺北：中央研究院歷史語言研究所，頁 270。

〔註9〕約缺四字至六字。中央研究院歷史語言研究所，《明清史料》卷冊：丙 03，1936 年 11 月，臺北：中央研究院歷史語言研究所，頁 270。

〔註10〕中央研究院歷史語言研究所，《明清史料》卷冊：丙 03，1936 年 11 月，臺北：中央研究院歷史語言研究所，頁 270。

貝勒	冠頂 3 層，上銜紅寶石，嵌東珠 7 顆	前舍林嵌東珠 3 顆；後花嵌東珠 2 顆	--	--
貝子	冠頂 3 層，上銜紅寶石，嵌東珠 6 顆	前舍林嵌東珠 2 顆；後花嵌東珠 1 顆	--	--
鎮國公	冠頂 2 層，上銜紅寶石，嵌東珠 5 顆	前舍林嵌東珠 1 顆；後花嵌綠松石 1 顆	--	--
輔國公	冠頂 2 層，上銜紅寶石，嵌東珠 4 顆	前舍林嵌東珠 1 顆；後花嵌綠松石 1 顆	--	--
公和碩額駙			起花金帽頂，上銜紅寶石，嵌東珠 3 顆	無
侯、伯一品			起花金帽頂，上銜紅寶石，嵌東珠 1 顆	無
二品			起花金帽頂，上銜紅寶石，嵌小紅寶石 1 顆	無
三品			起花金頂，上銜紅寶石，嵌小藍寶石 1 顆	無
四品			起花金帽頂，上銜藍寶石，嵌小藍寶石 1 顆	無
五品			起花金帽頂，上銜水晶，嵌小藍寶石 1 顆	無
六品			起花金帽頂，上銜水晶	無
七品			起花金帽頂，中嵌小藍寶石	無
八品			起花金帽頂	無
九品			起花銀帽頂	無
舉人			金雀頂	無
生員			銀雀頂	無
外郎、耆老			烏角葫蘆頂	無

註：1. 符號「--」為延續前期頂制者。
　　2. 該表格順治元年頂制整理自《清實錄（世祖實錄）》，卷十，頁 103～104。順治二年頂制整理自《清實錄（世祖實錄）》，卷十八，頁 159～160。

　　順治三年（1646）至九年（1652）期間，又將異姓公、和碩額駙、侯、伯頂制進行調整，雖皆做紅寶石頂，但公、和碩額駙帽頂中嵌東珠四、侯中嵌東珠三、伯中嵌東珠二，[註11] 此一劃分使其與無爵銜之一品官員有所區隔。

　　自康熙以降，清代共歷經康熙（康熙二十九年，1690）、雍正（雍正十年，1732）、乾隆（乾隆二十九年，1764）、嘉慶（嘉慶二十三年，1818）、光緒（光緒二十五年，1899）等五朝會典的撰修，[註12] 隨著歷朝會典的修定頒布，吾人亦可看到清代冠服的發展歷程。其中自乾隆朝開始，《皇朝禮器圖式》首度將儀禮、武備、陳設等用器刊錄圖冊，之後嘉慶與光緒兩朝亦將此類圖冊形式收入會典的編撰中，即《欽定大清會典圖（嘉慶朝）》、《欽定大清會典圖（光緒朝）》。[註13]

　　康熙朝《大清會典》大抵仍承襲順治二年（1645）至九年（1652）所訂定的內容使用，僅有兩個部分做了約略的調整【表3-3】，其中過去皇帝朝冠頂所採用東珠寶石鑲頂則改以東珠與大珍珠作為冠頂的裝飾。此外，亦將耆老用頂從烏角葫蘆頂獨立出來，並改以錫製。總的來說，至雍正八年（1730）以前，官方章典內僅記載朝冠頂之規制，尚未出現平時帽頂（又稱「便頂」）之定制。

【表3-3】康熙朝冠頂定制表

	康熙朝冠制			
	冠式	頂　制	冠　飾	場　合
皇帝（康熙二十二年定）	朝冠	大珍珠、東珠鑲頂	未載明	大典禮、祭壇廟
皇太子	朝冠	東珠 13 顆鑲頂	未載明	未載明
親王（順治九年定）	朝冠	冠頂三層，上銜紅寶石、中嵌東珠 10 顆	舍林：嵌東珠 5 顆 金花：嵌東珠 4 顆	未載明

[註11] 順治六年原將侯伯帽頂改為嵌東珠兩顆，始分立於一品頂制，可見《清實錄（世祖實錄）》卷四六，頁 371。至順治八年將侯、伯頂制再行分立，本註即為順治八年之定制，引自《清實錄（世祖實錄）》卷五七，頁 451。

[註12] 郭成偉、林乾，〈《清會典》的纂修與封建行政管理制度的完善〉，《20 世紀中國法制的回顧與前瞻》，北京：中國法政大學出版社，2002 年 9 月，頁 322。沈大明，《大清律例與清代的社會控制》，上海：上海人民出版社，2007 年 3 月，頁 23。

[註13] 李永貞，《清朝則例編纂研究》，上海：世界圖書出版公司，2012 年 5 月，頁 25。

世子 （順治九年定）	朝冠	冠頂三層，共嵌東珠 9 顆	無	未載明
郡王 （順治九年定）	朝冠	冠頂三層，上銜紅寶石、中嵌東珠 8 顆	舍林：嵌東珠 4 顆 後花：嵌東珠 3 顆	未載明
貝勒 （順治九年定）	朝冠	冠頂三層，上銜紅寶石，嵌東珠 7 顆	舍林：嵌東珠 3 顆 後花：嵌東珠 2 顆	未載明
貝子 （順治九年定）	朝冠	冠頂兩層，上銜紅寶石，嵌東珠 6 顆	舍林：嵌東珠 2 顆 後花：嵌東珠 1 顆 三眼孔雀翎、根綴藍翎	未載明
固倫公主額駙 （順治八年）	朝冠	冠頂兩層，上銜紅寶石，嵌東珠 6 顆	舍林：嵌東珠 2 顆 後花：嵌東珠 1 顆	未載明
鎮國公 （順治九年定）	朝冠	冠頂兩層，上銜紅寶石，嵌東珠 5 顆	舍林：嵌東珠 1 顆 後花：嵌綠松石 1 顆 二眼孔雀翎、根綴藍翎	未載明
和碩公主額駙 （順治八年）	朝冠	冠頂兩層，上銜紅寶石，嵌東珠 4 顆	舍林：嵌東珠 1 顆 後花：嵌綠松石 1 顆	未載明
輔國公 （順治九年定）	朝冠	冠頂兩層，上銜紅寶石，嵌東珠 4 顆	舍林 1 後花 1 二眼孔雀翎、根綴藍翎	未載明
民公 （順治八年定）	朝冠	冠用起花金頂、上銜紅寶石、中嵌東珠 4 顆	無	未載明
侯 （順治八年定）	朝冠	冠用起花金頂、上銜紅寶石、中嵌東珠 3 顆	無	未載明
郡主額駙 （順治八年）	朝冠	冠用起花金頂、上銜紅寶石、中嵌東珠 3 顆	無	未載明
伯 （順治六年定）	朝冠	冠用起花金頂、上銜紅寶石、中嵌東珠 2 顆	無	未載明
一品官 （順治二年定）	朝冠	冠用起花金頂、上銜紅寶石、中嵌東珠 1 顆	無	未載明
鎮國將軍 （順治九年定）	朝冠	冠頂上銜紅寶石，中節嵌東珠 1 顆	無	未載明
縣主額駙 （順治二年）	朝冠	冠頂上銜紅寶石，中節嵌東珠 1 顆	無	未載明
二品官 （順治二年定）	朝冠	冠用起花金頂、上銜紅寶石、中嵌小紅寶石	無	未載明
輔國將軍 （順治九年定）	朝冠	冠頂上銜紅寶石，中節嵌小紅寶石 1 顆	無	未載明

郡君額駙 （順治二年）	朝冠	冠頂上銜紅寶石，中節嵌小紅寶石 1 顆	無	未載明
三品官 （順治二年定）	朝冠	冠用起花金頂、上銜紅寶石、中嵌小藍寶石 1	無	未載明
奉國將軍 （順治九年定）	朝冠	冠頂上銜紅寶石，中節嵌小藍寶石 1 顆	無	未載明
縣君額駙 （順治二年）	朝冠	冠頂上銜紅寶石，中節嵌小藍寶石 1 顆	無	未載明
四品官 （順治二年定）	朝冠	冠用起花金頂、上銜藍寶石、中嵌小藍寶石	無	未載明
奉恩將軍 （順治九年定）	朝冠	冠頂上銜藍寶石，中節嵌小藍寶石 1 顆	無	未載明
鄉君額駙 （順治二年）	朝冠	冠頂上銜藍寶石，中節嵌小藍寶石 1 顆	無	未載明
五品官 （順治二年定）	朝冠	冠用起花金頂、上銜水晶、中嵌小藍寶石	無	未載明
六品官、狀元 （順治二年定）	朝冠	冠用起花金頂、上銜水晶	無	未載明
七品官 （順治二年定）	朝冠	冠用起花金頂、中嵌小藍寶石	無	未載明
八品官 （順治二年定）	朝冠	冠用起花金頂	無	未載明
九品官 （順治二年定）	朝冠	冠用起花銀頂	無	未載明
進士 （順治三年定）	朝冠	鍍金三枝九葉頂	無	未載明
舉人、官生、貢生、監生 （順治二年定）	朝冠	金雀頂	無	未載明
生員 （順治二年定）	朝冠	銀雀頂	無	未載明
外郎 （順治二年定）	朝冠	烏角葫蘆頂	無	未載明
耆老 （康熙年定）	朝冠	錫葫蘆頂	無	未載明

該表整理自（清）伊桑阿等纂修，《大清會典（康熙朝）》卷四十八，臺北：文海出版社，1993 年，頁 2305～2327。

2. 第二階段

此一階段為奠定完整清代頂制的重要階段，雍正朝頂制又增加了平時用帽頂的項目，此一設計使官員即使非身處在大型儀典場合，依然可以透過帽頂來彰顯自己的身分地位。

關於其創制時間徐珂《清稗類鈔》中〈便頂〉一條曾提到：「國初，官吏惟朝帽有頂。雍正丙午（雍正四年，1726），使頒便頂式樣，後之平時大帽所用者是也。其式圓，上如大珠，下以銀盤盛之，高不盈寸。」〔註14〕文中表明平時帽頂制的頒定始於雍正四年（1726）。然而，若檢視雍正朝《大清會典》中的制度，諸多內容仍僅收入雍正五年（1727）前的內容，其中冠服制度亦維持康熙時期的版本〔註15〕，為朝冠頂定制。但實際上，雍正三年（1725）時，朝廷已初步對平時帽頂（即吉服冠、常服冠與行服冠頂）規制進行修訂，按《大清律集解附例》〈禮律・卷十二〉即有：

> 凡平時所戴煖帽、涼帽，親王、世子、郡王、長子、貝勒、貝子、入八分公俱用紅寶石頂。未入八分公、固倫額駙、和碩公主額駙、民公、侯、伯、鎮國將軍、和碩額駙〔註16〕及一品大臣俱用珊瑚頂。輔國將軍、奉國將軍、多羅額駙〔註17〕、二品、三品大臣官員俱用起花珊瑚頂。奉恩將軍、固山額駙〔註18〕及四品俱用青金石頂。五品、六品俱用水晶石頂。七品以下及進士、舉人、貢生俱用金頂。生員、監生俱用銀頂，候補候選與見任同。〔註19〕

此時的平時帽頂可見親王至入八分公皆為紅寶石頂，以下爵銜至一品官員則使用珊瑚頂，二、三品皆為起花珊瑚頂，五、六品皆為水晶頂，七、八、九品官俱用素金頂，可見二品以下的帽頂劃分多有重覆，且無法明確區分各

〔註14〕（清）徐珂，《清稗類鈔》（第十三冊），北京：中華書局，2010 年 1 月，頁6216。

〔註15〕郭成偉、林乾，〈《清會典》的纂修與封建行政管理制度的完善〉，《20 世紀中國法制的回顧與前瞻》，北京：中國法政大學出版社，2002 年 9 月，頁 328。

〔註16〕和碩額駙（滿語：Hošoi efù）：郡主儀賓，即親王之婿，是為郡主額駙。安双城，《滿漢大辭典》，瀋陽：遼寧民族出版社，1993 年 12 月，頁 354。

〔註17〕多羅額駙（滿語：Doroi efù）：縣主儀賓，即郡王之婿，是為縣主額駙。同前註，頁 700。

〔註18〕固山額駙（滿語：Gusai efù）：縣君儀賓，即貝子之婿，是為固山額駙。同前註，頁 319。

〔註19〕（清）朱軾、常鼐等，《大清律集解附例》（收錄於《四庫未收書輯刊》壹輯貳拾陸冊），北京：北京出版社，2000 年 1 月，頁 213。

品及之間的差異。雍正皇帝有鑒於此，為求品式詳盡，特於雍正八年（1730）
再命眾臣：「自二品、三品大臣官員以下其朝帽頂與平時帽頂俱按品級逐一酌
議分晰」〔註20〕。

　　若將雍正八年前後的帽頂制度以表格化進行對照【表3-4】，可明顯發現
雍正八年以前二品官員以下品秩之朝冠頂與平時帽頂間，實際存在兩款頂式
寶石無法協調的現象，致使整體冠制更顯得錯綜複雜。因此這次的修正先將
三品的起花珊瑚頂改成藍寶石頂、六品的水晶頂則改為砷碟頂，帽頂頂珠成
色從貴族至六品官員出現了紅、藍、白、金、銀依序排列的現象，其中紅藍白
三色更各以一明一暗之成色概念進行等級劃分。同時，三品至六品官員之帽
頂頂珠亦首次被允許，採用類似成色的玻璃材質來替代寶石，即明玻璃（亦
稱「亮玻璃」）與涅玻璃（亦稱「暗玻璃」、「呆玻璃」），意指透明與不透明呈
色質地的玻璃。

【表3-4】雍正八年（1730）前後冠頂定制對照表

	雍正八年前		雍正八年	
	朝冠頂（五年，1727）	平時帽頂 （三年，1725）	朝冠頂	平時帽頂
皇帝	冠用大珍珠、東珠鑲頂	未載	未載	未載
親王	冠頂三層，上銜紅寶石、中嵌東珠10顆。舍林嵌東珠5顆、後花嵌東珠4顆	紅寶石頂	冠頂三層，上銜紅寶石、中嵌東珠10顆	紅寶石頂
世子	冠頂三層，共嵌東珠9顆	紅寶石頂	冠頂三層，共嵌東珠9顆	紅寶石頂
郡王	冠頂三層，上銜紅寶石、中嵌東珠8顆。舍林嵌東珠4顆、後花嵌東珠3顆	紅寶石頂	冠頂三層，上銜紅寶石、中嵌東珠8顆	紅寶石頂
貝勒	冠頂三層，上銜紅寶石，嵌東珠7顆。舍林嵌東珠2顆、後花嵌東珠1顆	紅寶石頂	冠頂三層，上銜紅寶石，嵌東珠7顆	紅寶石頂
貝子	冠頂兩層，上銜紅寶石，嵌東珠6顆。舍林嵌東珠2顆、後花嵌東珠1顆	紅寶石頂	冠頂兩層，上銜紅寶石，嵌東珠6顆	紅寶石頂
固倫公主額駙	冠頂兩層，上銜紅寶石，嵌東珠6顆。舍林嵌東珠2顆、後花嵌東珠1顆	珊瑚頂	未載	未載

〔註20〕引自中央研究院歷史語言研究所內閣檔案大庫，〈禮部儀制司為酌定大小官員帽頂事〉，雍正八年10月9日，檔案編號：164103-001。

鎮國公	冠頂兩層，上銜紅寶石，嵌東珠 5 顆。舍林嵌東珠 1 顆、後花嵌綠松石 1 顆	入八分：紅寶石頂　未入八分：珊瑚頂	冠頂兩層，上銜紅寶石，嵌東珠 5 顆	入八分：紅寶石頂　未入八分：珊瑚頂
和碩公主額駙	冠頂兩層，上銜紅寶石，嵌東珠 4 顆。舍林嵌東珠 1 顆、後花嵌綠松石 1 顆	珊瑚頂	未載	未載
輔國公	冠頂兩層，上銜紅寶石，嵌東珠 4 顆。舍林 1、後花 1	入八分：紅寶石頂　未入八分：珊瑚頂	冠頂兩層，上銜紅寶石，嵌東珠 4 顆	入八分：紅寶石頂　未入八分：珊瑚頂
侯	冠用起花金頂、上銜紅寶石、中嵌東珠 3 顆	珊瑚頂	冠用起花金頂、上銜紅寶石、中嵌東珠 2 顆	珊瑚頂
郡主額駙（和碩額駙）	冠用起花金頂、上銜紅寶石、中嵌東珠 3 顆	珊瑚頂	未載	未載
伯	冠用起花金頂、上銜紅寶石、中嵌東珠 2 顆	珊瑚頂	冠用起花金頂、上銜紅寶石、中嵌東珠 2 顆	珊瑚頂
一品官	冠用起花金頂、上銜紅寶石、中嵌東珠 1 顆	珊瑚頂	冠用起花金頂、上銜紅寶石、中嵌東珠 1 顆	珊瑚頂
鎮國將軍	冠頂上銜紅寶石，中節嵌東珠 1 顆	珊瑚頂	冠用起花金頂、上銜紅寶石、中嵌東珠 1 顆	珊瑚頂
二品官	冠用起花金頂、上銜紅寶石、中嵌小紅寶石	起花珊瑚頂	上銜起花珊瑚、中嵌小紅寶石	起花珊瑚頂
輔國將軍	冠頂上銜紅寶石，中節嵌小紅寶石 1 顆	起花珊瑚頂	上銜起花珊瑚、中嵌小紅寶石	起花珊瑚頂
三品官	冠用起花金頂、上銜紅寶石、中嵌小藍寶石	起花珊瑚頂	上銜藍寶石或藍色明玻璃、嵌小紅寶石	藍寶石或藍色明玻璃頂
奉國將軍	冠頂上銜紅寶石，中節嵌小藍寶石 1 顆	起花珊瑚頂	上銜藍寶石或藍色明玻璃、嵌小紅寶石	藍寶石或藍色明玻璃頂
縣主額駙（多羅額駙）	僅記崇德元年定制	起花珊瑚頂	未載	未載
四品官	冠用起花金頂、上銜藍寶石、中嵌小藍寶石	青金石頂	上銜青金石或藍色涅玻璃、嵌小藍寶石	青金石或藍色涅玻璃頂
奉恩將軍	冠頂上銜藍寶石、中節嵌小藍寶石 1 顆	青金石頂	上銜青金石或藍色涅玻璃、嵌小藍寶石	青金石或藍色涅玻璃頂
縣君額駙（固山額駙）	僅記崇德元年定制	青金石頂	未載	未載
五品官	冠用起花金頂、上銜水晶、中嵌小藍寶石	水晶石頂	上銜水晶或白色明玻璃、嵌小藍寶石	水晶或白色明玻璃頂
六品官、狀元	冠用起花金頂、上銜水晶	水晶石頂	上銜硨磲或白色涅玻璃、嵌小藍寶石	硨磲或白色涅玻璃頂

七品官	冠用起花金頂、中嵌小藍寶石	金頂	上銜素金頂、嵌小水晶石	素金頂
八品官	冠用起花金頂	金頂	上銜起花金頂	素金頂
九品官	冠用起花銀頂	金頂	上銜起花銀頂	起花銀頂
進士	鍍金三枝九葉頂	金頂	鍍金三枝九葉頂	金頂
舉人	金雀頂	金頂	金雀頂	金頂
官生	金雀頂	未載	未載	未載
貢生	金雀頂	金頂	金雀頂	金頂
監生	金雀頂	銀頂	金雀頂	銀頂
生員	銀雀頂	銀頂	銀雀頂	銀頂
外郎	烏角葫蘆頂	未載	未載	未載
耆老	錫葫蘆頂	未載	未載	未載

註：1. 郡君額駙與鄉君額駙之冠制記錄於雍正朝僅《大清會典》記有崇德元年之朝冠頂定制，其餘頂式皆無明確記載於史料中，故於表中省略。
　　2. 雍正八年前頂制整理自允祿等，《大清會典（雍正朝）》（卷四十六・冠服），臺北：文海出版社，1994～1995 年，頁 4021～4044。朱軾、常鼐等，《大清律集解附例》（收錄於《四庫未收書輯刊》壹輯貳拾陸冊），北京：北京出版社，2000 年 1 月，頁 213。
　　3. 雍正八年朝冠頂與平時帽頂二品官員以下之制引自中央研究院歷史語言研究所內閣檔案大庫，〈禮部儀制司為酌定大小官員帽頂事〉，雍正八年 10 月 9 日，檔案編號：164103-001。一品以上均照雍正八年以前舊制。

更重要的是，二品以下官員朝冠頂頂石與平時帽頂頂珠寶石內容開始同步，即朝冠頂頂石若上銜起花珊瑚，其平時帽頂頂珠亦用起花珊瑚。此外，朝冠頂座中節所嵌小寶石亦由東珠、紅寶石、藍寶石與水晶，透過與頂石的組合依次劃分等級，故此次修定大抵底定爾後清代冠頂的形制內容。

（四）清代頂制的成熟期

至乾隆朝會典，其正式刊載雍正時期所奠定的冠頂定制，並更具體描朝冠頂頂座樣式（【表 3-5】，乾隆朝），其中在鎮國公以上貴族，朝冠頂座會飾三層至兩層金龍，以下官員則以鏤花金座以示鑑別。此外，乾隆朝會典當中亦可看到帝王以下至輔國公之朝冠皆配用金佛、舍林、金花，其中皇帝、皇太子為前金佛後舍林，前者所綴東珠數量為前 15 後 7、後者為前 13 後 6；皇子以下王公皆為前舍林後金花，且皇子至親王世子帽飾所綴東珠為前 5 後 4，前後所綴東珠數量至此再下分五階，每階向下各遞減 1 顆，至輔國公為前綴 1 東珠、後綴 1 松石，可知宗室王公貴族所用帽飾制度已完全確立，且為民公爵銜以下官員所不能戴用。

【表3-5】乾隆朝暨嘉慶朝冠頂定制對照表

年份 冠式 階級	乾隆朝（乾隆三十一年，1766）		嘉慶朝（嘉慶六年，1801）	
	朝冠頂	平時帽頂	朝冠頂	平時帽頂
皇帝	冠頂三層、貫東珠各1，皆承以金龍各4 東珠如其數（共14），上銜大東珠1；前綴金佛飾東珠15、後綴舍林飾東珠7	吉服冠：大珍珠1 常服冠：紅絨結頂 行服冠：未載	冠頂三層、貫東珠各1，皆承以金龍各4 東珠如其數（共14），上銜大東珠1；前綴金佛飾東珠15、後綴舍林飾東珠7	吉服冠：大珍珠1 常服冠：紅絨結頂 行服冠：紅絨結頂
皇太子	頂金龍三層、飾東珠13、上銜大東珠1；前綴金佛飾東珠13、後綴舍林飾東珠6	紅絨結頂	未載	未載
皇子	頂金龍二層、飾東珠10、上銜紅寶石；前綴舍林飾東珠5、後綴金花飾東珠4	紅絨結頂	頂金龍二層、飾東珠10、上銜紅寶石；前綴舍林飾東珠5、後綴金花飾東珠4	紅絨結頂
親王	頂金龍二層、飾東珠10、上銜紅寶石；前綴舍林飾東珠5、後綴金花飾東珠4	紅寶石	頂金龍二層、飾東珠10、上銜紅寶石；前綴舍林飾東珠5、後綴金花飾東珠4	紅寶石
世子	頂金龍二層、飾東珠9、上銜紅寶石；前綴舍林東珠5、後綴金花飾東珠4	紅寶石	頂金龍二層、飾東珠9、上銜紅寶石；前綴舍林東珠5、後綴金花飾東珠4	紅寶石
郡王	頂金龍二層、飾東珠8、上銜紅寶石；前綴舍林飾東珠4、後綴金花飾東珠3	紅寶石	頂金龍二層、飾東珠8、上銜紅寶石；前綴舍林飾東珠4、後綴金花飾東珠3	紅寶石
貝勒	頂金龍二層、飾東珠7、上銜紅寶石；前綴舍林是東珠3、後綴金花飾東珠2	紅寶石	頂金龍二層、飾東珠7、上銜紅寶石；前綴舍林是東珠3、後綴金花飾東珠2	紅寶石
貝子	頂金龍二層、飾東珠6、上銜紅寶石；前綴舍林是東珠2、後綴金花飾東珠1	紅寶石	頂金龍二層、飾東珠6、上銜紅寶石；前綴舍林是東珠2、後綴金花飾東珠1	紅寶石
固倫公主額駙	頂金龍二層、飾東珠6、上銜紅寶石；前綴舍林是東珠2、後綴金花飾東珠1	珊瑚頂	頂金龍二層、飾東珠6、上銜紅寶石；前綴舍林是東珠2、後綴金花飾東珠1	珊瑚頂
鎮國公	頂金龍二層、飾東珠5、上銜紅寶石；前綴舍林飾東珠1、後綴金花飾綠松石1	入八分：紅寶石 不入八分：珊瑚頂	頂金龍二層、飾東珠5、上銜紅寶石；前綴舍林飾東珠1、後綴金花飾綠松石1	入八分：紅寶石 不入八分：珊瑚頂
和碩公主額駙	銜紅寶石、中飾東珠5、舍林綴東珠1、後花飾綠松石1	珊瑚頂	銜紅寶石、中飾東珠5、舍林綴東珠1、後花飾綠松石1	珊瑚頂

輔國公	冠頂二層，飾東珠4、上用紅寶石；前綴舍林飾東珠1、後綴金花飾綠松石1	入八分：紅寶石 不入八分：珊瑚頂	頂冠頂金龍二層，飾東珠4、上用紅寶石，前綴舍林飾東珠1、後綴金花飾綠松石1	入八分：紅寶石 不入八分：珊瑚頂
民公	鏤花金座，中飾東珠4，上銜紅寶石	珊瑚頂	鏤花金座，中飾東珠4、上銜紅寶石	珊瑚頂
侯	鏤花金座，中飾東珠3、上銜紅寶石	珊瑚頂	鏤花金座，中飾東珠3、上銜紅寶石	珊瑚頂
伯	鏤花金座，中飾東珠2、上銜紅寶石	珊瑚頂	鏤花金座，中飾東珠2、上銜紅寶石	珊瑚頂
子	鏤花金座，中飾東珠1、上銜紅寶石	珊瑚頂	鏤花金座，中飾東珠1、上銜紅寶石	珊瑚頂
郡主額駙	鏤花金座，中飾東珠1、上銜紅寶石	珊瑚頂	鏤花金座，中飾東珠1、上銜紅寶石	珊瑚頂
男	鏤花金座，中飾小紅寶石1、上銜鏤花珊瑚	鏤花珊瑚頂	鏤花金座，中飾小紅寶石1、上銜鏤花珊瑚	鏤花珊瑚頂
縣主額駙	鏤花金座，中飾小紅寶石1、上銜鏤花珊瑚	鏤花珊瑚頂	鏤花金座，中飾小紅寶石1、上銜鏤花珊瑚	鏤花珊瑚頂
一品官	鏤花金座，中飾東珠1、上銜紅寶石	珊瑚頂	鏤花金座，中飾東珠1、上銜紅寶石	珊瑚頂
鎮國將軍	鏤花金座，中飾東珠1、上銜紅寶石	珊瑚頂	鏤花金座，中飾東珠1、上銜紅寶石	珊瑚頂
二品官	鏤花金座，中飾小紅寶石1、上銜鏤花珊瑚	鏤花珊瑚頂	鏤花金座，頂飾小紅寶石1、上銜鏤花珊瑚	鏤花珊瑚頂
輔國將軍	鏤花金座，中飾小紅寶石1、上銜鏤花珊瑚	鏤花珊瑚頂	鏤花金座，中飾小紅寶石1、上銜鏤花珊瑚	鏤花珊瑚頂
三品官	鏤花金座，中飾小紅寶石1、上銜藍寶石	藍寶石	鏤花金座，中飾小紅寶石1、上銜藍寶石	藍寶石
奉國將軍	鏤花金座，中飾小紅寶石1、上銜藍寶石	藍寶石	鏤花金座，中飾小紅寶石1、上銜藍寶石	藍寶石
郡君額駙	鏤花金座，中飾小紅寶石1、上銜藍寶石	藍寶石	鏤花金座，中飾小紅寶石	藍寶石
四品官	鏤花金座，中飾小藍寶石1、上銜青金石	青金石	鏤花金座，中飾小藍寶石1、上銜青金石	青金石
奉恩將軍	鏤花金座，中飾小藍寶石1、上銜青金石	青金石	鏤花金座，中飾小藍寶石1、上銜青金石	青金石
縣君額駙	鏤花金座，中飾小藍寶石1、上銜青金石	青金石	鏤花金座，中飾小藍寶石1、上銜青金石	青金石
五品官	鏤花金座，中飾小藍寶石1、上銜水晶	水晶頂	鏤花金座，中飾小藍寶石1、上銜水晶	水晶頂

鄉君額駙	鏤花金座，中飾小藍寶石1、上銜水晶	水晶頂	鏤花金座，中飾小藍寶石1、上銜水晶	水晶頂
六品官、狀元	鏤花金座，中飾小藍寶石1、上銜硨磲	硨磲頂	鏤花金座，中飾小藍寶石1、上銜硨磲	硨磲頂
七品官	鏤花金座，中飾水晶1、上銜素金	素金頂	鏤花金座，中飾小水晶1、上銜素金	素金頂
八品官	鏤花金座，上銜花金	花金頂	陰文鏤花金頂、無飾	陰文鏤花金頂
九品官	鏤花金座，上銜花銀	花銀頂	陽文鏤花金頂	陽文鏤花金頂
進士	鏤花金座，上銜三枝九葉	素金頂	鏤花金座，上銜三枝九葉	素金頂
會試中式貢士	未載	未載	上銜金三枝九葉	素金頂
舉人	鏤花銀座，上銜金雀	銀座素金	鏤花銀座，上銜金雀	銀座素金
貢生	鏤花銀座，上銜金雀	銀座花金	鏤花銀座，上銜金雀	鏤花金頂
監生	鏤花銀座，上銜金雀	素銀頂	鏤花銀座，上銜金雀	素銀頂
生員	鏤花銀座，上銜銀雀	素銀頂	鏤花銀座，上銜銀雀	素銀頂
外郎	圖式未載，會典載用錫頂	未載	未載	錫頂
耆老	圖式未載，會典載用錫頂	未載	未載	錫頂

1. 乾隆朝頂制整理自（乾隆二十九年）允祹，《大清會典》（武英殿本・卷之三十），國立故宮博物院藏（故殿 035104），頁 1～10。並交差參考允祿，《皇朝禮器圖式》，揚州：廣陵書社，2004 年 1 月，頁 101～214。
2. 嘉慶朝頂制整理自托津等，《欽定大清會典圖（嘉慶朝）》（冠服圖・卷四十一、四十五），臺北：文海出版社，1991 年，頁 1324～1344、1463～1478。及並交叉比對托津等，《欽定大清會典（嘉慶朝）》，臺北：文海出版社，1991 年，頁 1002、1011～1017。

　　然而，吳振棫於《吉養齋叢錄》提到一個小插曲：「乾隆間，有奏七品以下官不遵定制，概用素金，請令編、檢、知縣等官改用蜜蠟頂者。以事涉煩瑣，未允行。」[註21]指七品以下的官員出現不按用陰陽文花金、花銀頂，而私自僭越混用素面金頂的行為，有損七品知縣等官職的品級，故官員陳請希望能透過另訂材質的手段，改用蜜蠟作為七品官員頂制，與以下品秩帽頂加以區別，但乾隆皇帝認為此提議反而會使頂制太過複雜，所以未應允。由此可見，此時已官員利用部分品級帽頂基底材質的共性，在頂珠花紋的有無間加以混淆視聽。

　　嘉慶朝主要亦依循乾隆朝會典與《皇朝禮器圖式》的規制（【表 3-5】，嘉

────────────

〔註21〕（清）吳振棫，《吉養齋叢錄》，北京：中華書局，2005 年 12 月，頁 282～283。

慶朝），但在八、九品官員的頂制略有所更異，即八品的花金頂改為陰文鏤花金頂、九品的花銀頂改為陽文鏤花金頂，使九品與進士以上官員皆用各式寶石頂或素花金頂，而其餘各式銀座金頂或素銀頂則為舉人、監生、生員等階級使用。此外，雍正時期的外郎、耆老所使用的烏角葫蘆頂與錫葫蘆頂，皆統一更定為錫頂。此時清代的帽頂制度已建立出完整的系統。有趣的是，雍正時期制定玻璃可作為替代寶石的定制在乾、嘉會典或圖典皆未刊載，或許反應使用替代材料的概念仍僅作為一種彈性機制，但實際仍以依照章典所規定，在冠頂飾以真寶石才是較正式的作法。

　　嘉慶朝以後至光緒朝間，帽頂制度僅有貢生頂制略作正名，即鏤花金頂更為陰文鏤花金頂【表 3-6】，與八品官頂制同外，其餘品級頂制皆無其它更異。

【表 3-6】光緒朝冠頂定制對照表

年　份	光緒朝（光緒二十五年，1899）		
冠式 階級	朝冠頂	朝冠飾	平時帽頂
皇帝	冠頂三層、貫東珠各 1，皆承以金龍各 4 東珠如其數（共 14），上銜大東珠 1	前綴金佛飾東珠 15、後綴舍林飾東珠 7	吉服冠：大珍珠 1 常服冠：紅絨結頂 行服冠：紅絨結頂
皇子	頂金龍二層、飾東珠 10、上銜紅寶石	前綴舍林飾東珠 5、後綴金花飾東珠 4	紅絨結頂
親王	頂金龍二層、飾東珠 10、上銜紅寶石	前綴舍林飾東珠 5、後綴金花飾東珠 4	紅寶石
世子	頂金龍二層、飾東珠 9、上銜紅寶石	前綴舍林東珠 5、後綴金花飾東珠 4	紅寶石
郡王	頂金龍二層、飾東珠 8、上銜紅寶石	前綴舍林飾東珠 4、後綴金花飾東珠 3	紅寶石
貝勒	頂金龍二層、飾東珠 7、上銜紅寶石；	前綴舍林飾東珠 3、後綴金花飾東珠 2	紅寶石
貝子	頂金龍二層、飾東珠 6、上銜紅寶石	前綴舍林飾東珠 2、後綴金花飾東珠 1	紅寶石
固倫公主額駙	頂金龍二層、飾東珠 6、上銜紅寶石	前綴舍林飾東珠 2、後綴金花飾東珠 1	珊瑚頂

鎮國公	頂金龍二層、飾東珠 5、上銜紅寶石	前綴舍林是東珠 1、後綴金花飾綠松石 1	入八分：紅寶石未入八分：珊瑚頂
和碩公主額駙	銜紅寶石、中飾東珠 5	舍林綴東珠 1、後花飾綠松石 1	珊瑚頂
輔國公	頂金龍二層，飾東珠 4、上用紅寶石	前綴舍林飾東珠 1、金花飾綠松石 1	入八分：紅寶石未入八分：珊瑚頂
民公	鏤花金座，中飾東珠 4、上銜紅寶石	無	珊瑚頂
侯	鏤花金座，中飾東珠 3、上銜紅寶石	無	珊瑚頂
伯	鏤花金座，中飾東珠 2、上銜紅寶石	無	珊瑚頂
子	鏤花金座，中飾東珠 1、上銜紅寶石	無	珊瑚頂
郡主額駙	鏤花金座，中飾東珠 1、上銜紅寶石	無	珊瑚頂
男	鏤花金座，中飾小紅寶石 1、上銜鏤花珊瑚	無	鏤花珊瑚頂
縣主額駙	鏤花金座，中飾小紅寶石 1、上銜鏤花珊瑚	無	鏤花珊瑚頂
一品官	鏤花金座，中飾東珠 1、上銜紅寶石	無	珊瑚頂
鎮國將軍	鏤花金座，中飾東珠 1、上銜紅寶石	無	珊瑚頂
二品官	鏤花金座，頂飾小紅寶石 1、上銜鏤花珊瑚	無	鏤花珊瑚頂
輔國將軍	鏤花金座，中飾小紅寶石 1、上銜鏤花珊瑚	無	鏤花珊瑚頂
三品官	鏤花金座，中飾小紅寶石 1、上銜藍寶石	無	藍寶石
奉國將軍	鏤花金座，中飾小紅寶石 1、上銜藍寶石	無	藍寶石
郡君額駙	鏤花金座，中飾小紅寶石	無	藍寶石
四品官	鏤花金座，中飾小藍寶石 1、上銜青金石	無	青金石
縣君額駙	鏤花金座，中飾小藍寶石 1、上銜青金石	無	青金石

奉恩將軍	鏤花金座，中飾小藍寶石1、上銜青金石	無	青金石
五品官	鏤花金座，中飾小藍寶石1、上銜水晶	無	水晶頂
鄉君額駙	鏤花金座，中飾小藍寶石1、上銜水晶	無	水晶頂
六品官、狀元	鏤花金座，中飾小藍寶石1、上銜硨磲	無	硨磲頂
七品官	鏤花金座，中飾小水晶1、上銜素金	無	素金頂
八品官	陰文鏤花金頂、無飾	無	陰文鏤花金頂
九品官	陽文鏤花金頂	無	陽文鏤花金頂
進士	鏤花金座，上銜三枝九葉	無	素金頂
會試中式貢士	上銜金三枝九葉	無	素金頂
舉人	鏤花銀座，上銜金雀	無	銀座上銜素金
貢生	鏤花銀座，上銜金雀	無	陰文鏤花金頂
監生	鏤花銀座，上銜金雀	無	素銀頂
生員	鏤花銀座，上銜銀雀	無	素銀頂
外郎	未載	無	錫頂
耆老	未載	無	錫頂

1. 該表整理自（清）崑岡等，《欽定大清會典圖（光緒朝）》（冠服一、五、六、八、十、十五），上海：上海古籍出版社，2002 年。
2. 會試中式貢士頂制引自（清）崑岡等，《欽定大清會典事例（光緒朝）》（卷三二八‧禮部三九），北京：中華書局，1991 年，頁 883。

　　綜觀冠頂制度的發展，其具體反應滿州政權自後金入清的官員制度演變，這是一個由簡入繁的歷程。在萌芽之初，帽頂的使用以區分官民為發想，做為統治階級的標誌。爾後先從貴族的等次劃分開始入手，透過東珠與寶石的數量來反應其級別，是為草創期。入關以後，順治－康熙朝為因應帝國的有效統治，官員制度因結合明朝的設計，在職銜與品級劃分上日趨繁複，促使官員頂制需更加精細，方能有效帝國的統治，故歷經多次的修訂，是為發展期。至雍正朝，上至各階貴族品官，下及生員儀衛人等，皆有屬於自己的冠頂規範，各品間冠頂之座頂及座中寶石，彼此依序交叉遞進。此外，替代材質概念的出現並明文納入頂制的範疇，為清代帽頂制度發展最為成熟的階段，奠定爾後清代官員冠服制度之典範。

二、清代頂戴的造形淵緣

　　理解清代頂戴的創制原由後，吾人不禁要進一步提問，現今所見之頂戴造形是否有其淵源。透過筆者於第貳章對元明兩代帽頂的梳理，可以看到兩者透過服飾習慣的傳承，致使帽頂的使用具有明確的延續性。縱觀圖像與文獻記錄，元代帽頂雖作為元服的首要配件，其使用的概念仍屬於透過飾品彰顯配戴者的社會地位與經濟財富，並未有明確品秩的區分。到了明代，雖然略將帽珠的使用品第做出區隔，卻不盡詳細，更不曾將帽頂做為冠制的主體，僅在穿著具元代風格服飾的情況下才會戴用。由此可知，元明時期的帽頂仍處於裝飾性大於政治性功能的狀態，這也促使筆者想要探究清代頂戴形制的發展歷程。

　　女真人使用帽頂裝飾的具體紀錄，最早可上溯自金代，《金史》〈衣服通制〉記載金人常服：

> 巾之制，以皂羅若紗為之，上結方頂、折垂于後。頂之下際兩角各綴方羅徑二吋許，方羅之下各附帶長六、七寸。當橫額之上，或為一縮　積。貴顯者於方頂，循十字縫飾以珠，其中必貫以大者，謂之頂珠。〔註22〕

文中可以知道帽頂對於金人作為社會階級較高者所使用，若參考南宋時期的繪畫，以傳宮素然所繪《昭君出塞圖》中的金人〔註23〕為例【圖3-1】，所見圖中官員或隨侍所戴之毛氈帽上，零星人物出現飾以帽頂的形象，並出現於騎馬場景之中。以下筆者針對目前考古出土的金代至明代的女真帽頂進行梳理，討論清代頂戴形制的雛形。

（一）金代女真帽頂案例

　　在金代的考古發掘案例裡，少有出土帽頂者，目前以哈爾濱新香坊墓地的女真貴族墓葬中層出土的一件金帽頂（83HXM4：2）〔註24〕【圖3-2】，該

〔註22〕（元）脫脫等，《金史》（卷四十三・志二十四），北京：中華書局，1975年7月，頁984。

〔註23〕國立臺灣大學藝術史碩士生黃秀蘭亦曾注意到畫中昭君帽頂飾以頂珠，而關於畫作的年代辨識，則判定該畫為金－元初作品。黃秀蘭，《宮素然〈明妃出塞圖〉與張瑀〈文姬歸漢圖〉析辨——金原時期昭君故事畫研究》，國立臺灣大學藝術史研究所碩士論文，1999年7月，頁46、53。

〔註24〕黑龍江省博物館，〈哈爾濱新香坊墓地出土的金代文物〉，《北方文物》，2007年第3期，頁50。

【圖3-1】（金－元）宮素然，明妃出塞圖（局部）

（左圖為隨侍官吏或貴族成員、右圖為明妃，日本大阪市立美術館藏，引自大阪市立美術館，1976年，圖版10）

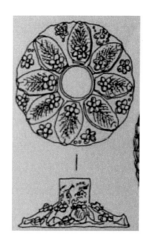

【圖3-2】（金）金帽頂

（哈爾濱新香坊墓地的女真貴族墓葬出土（83HXM4：2），黑龍江省博物館藏，左圖引自黑龍江省博物館：http://www.hljmuseum.com/show.php?contentid=90，點閱日期：2014年3月18日。右圖引自黑龍江省博物館，2007年，頁49）

帽頂外徑6.2cm、孔徑1.6cm，上部直口作鈕柱狀，下接外敞斜壁，呈淺蓋式，表面淺浮雕八瓣葉紋，葉紋上部與葉片之間皆飾有一朵梅花紋，呈現三重花葉交疊的層次感。此外，底部見五道象鼻穿孔，可知該帽頂原本應縫綴於冠帽上。此外，帽頂上方有一中空圓柱，外壁飾有不明陰刻線紋，推測很有可能做為珠玉寶石之嵌座。此類頂座以純金屬打造的帽頂亦可見於元代的帽頂

上，且頂部尚可嵌一珠玉，外形皆做鈕式，故清代之吉服冠頂的外觀應為再次取法金元明以來的造形樣式。

（二）明代女真帽頂案例

直至明代中晚期（萬曆朝），女真族亦持續帽頂的使用，見吉林省輝發城遺址發現兩件帽頂，〔註25〕其造型各異：

第一件帽頂為銅鎏金頂【圖3-3】，通高6.3cm、底徑4.2cm，可分上下兩個部分，上部呈高柱狀，並做有三層刻花裝飾；下部呈圓弧棚蓋式，上淺浮雕一圈六瓣梅花紋共九朵，底緣見有縫綴孔四個。

第二件帽頂〔註26〕在發掘報告中其具體形制並未被作者提及【圖3-4】，僅有線繪圖的發表而無實物影像，並以「蓋形器」稱呼，故不排除亦有縫綴孔的可能。觀其特徵，通器應為單一金屬鑄造而成，且一體成形。其頂部做鑲嵌圓珠狀，下接兩層十二瓣菊蓮瓣紋裝飾，底部呈圈足狀。

【圖3-3】銅鎏金帽頂

（吉林省輝發城遺址出土，引自吉林省文物管理委員會1965年，圖二二）

【圖3-4】蓋形器

（吉林省輝發城遺址出土，圖引自吉林省文物管理委員會，1965年，圖二：6）

〔註25〕吉林省文物管理委員會，〈輝發城調查報告〉，《文物》，1965年第7期，頁38、40。

〔註26〕南昌大學人文學院陸錫興亦將此蓋形器判定為帽頂，可惜的是該作者竟將第一件銅鎏金帽頂的文字描述混用於此件蓋形器，故筆者藉此再次梳理，並與金代的帽頂形制進行延伸比較。陸錫興，〈明梁莊王墓帽頂之研究──兼論元明時代大帽和帽頂〉，《南方文物》，2012年第4期，頁98。

　　若將兩件帽頂相比較，前者裝飾紋樣延續金代帽頂的梅花母題，且出現高柱頂的形制。後者雖保留金代的淺蓋形制，在裝飾紋樣上卻出現了覆式重瓣的紋樣母題，很可能受到元代或明代的頂座裝飾風格影響，亦作為清代帽頂裝飾設計的雛形。

（三）明清之際帽頂

　　明代晚期過渡至清代的帽頂具體樣式，一件出土自北京海淀區青龍橋董四墓村出土的銀鍍金嵌寶石帽頂【圖 3-5】或許可以提供一些線索。〔註27〕該帽頂呈塔式，主要可以分成三段五層結構，座頂部分為頂上紅色寶石、仰覆瓣形頂托；座中部分為兩層，上層為六稜形、上飾開光紋，下層為圓球狀、上飾團花紋；座底為六瓣花形，每瓣共浮雕有漢字六字真言（亦或稱六字大明王陀羅尼咒）「唵（oom）嘛（ma）呢（net）叭（beh）咪（meh）吽（hone）」，每字皆於蓮花座上，關於六字真言之釋義眾說紛云。

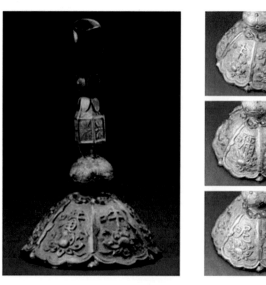

【圖 3-5】銀鍍金嵌寶石帽頂

（高 9.2cm，北京市海淀區青龍橋董四墓村明墓出土，首都博物館藏，引自《北京文物精粹大系》編委會、北京市文物局，2004 年，圖版 215-218）

〔註27〕關於該帽頂的相關圖版書籍皆註明其出土於明墓或為明代之物，見《北京文物精粹大系》編委會、北京市文物局，《北京文物精粹大系——金銀器卷》，北京：北京市文物局，2004 年 4 月，頁 186。北京市文物局、《北京文物鑒賞》編委會，《明代金銀器》，北京：北京美術攝影出版社，2006 年 1 月 1 日，頁 88。

　　按《大乘莊嚴寶王經》所記，佛陀曾與除蓋障菩薩云：「此六字大明咒陀羅尼，是觀自在菩薩摩訶薩微妙本心，若有知是微妙本心，即知解脫。」〔註28〕大抵而言，其具淨化三業（身、口、意，指一切業障），如蓮花出淤泥般之寓意。〔註29〕故可知該帽底座將花瓣與蓮花圖象搭配真言之意象，此一巧思可知挪用自佛教經典的教義。

　　筆者再次回視當時董四墓村明墓的兩篇發掘報告，皆未看到關於該帽頂的出土資訊，且兩處墓葬皆為女性貴族墓。然而，現有元明出土帽頂皆見於男性墓葬，且該發掘報告部分資訊有所簡略，故無法確認帽頂是否出於兩墓之中，僅能從書面上的訊息，推測此件銀鍍金嵌寶石帽頂可能所屬的年代。其中第一號墓為明熹宗（天啟帝）的妃子（張裕妃、段純妃、李成妃）合葬墓〔註30〕，墓葬年代為崇禎四年至十一年間（1630～1637）；第二號墓為明神宗（萬曆帝）之內嬪（順嬪、悼嬪、敬嬪、慎嬪、榮嬪、德嬪、和嬪）合葬墓，墓葬年代為萬曆十六年至崇禎十六年（1588～1642）〔註31〕，兩處墓葬年代皆屬於明代晚期。〔註32〕

　　此件帽頂整體形制已具備清代朝冠頂的輪廓，巧合的是其兩層式的刻花座中與同時期位於關外的輝發城遺址出土的銅鎏金頂，亦在中間作節狀刻花的效果，兩者在裝飾模式上出現了微妙的巧合，然而又以輝發城的銅鎏金帽頂的形制與裝飾紋樣較為原始。

　　從上述幾件帽頂案例，可以初步認識清代帽頂的形制並非無中生有。透過考古出土與圖像材料理解，可知金代時期的女真人已有使用帽頂的裝飾行為，亦並非全然直接受到元代帽頂的影響。但有趣的是，除了元代鏤雕玉頂底部本身帶有象鼻孔外，明代以前的帽頂金屬底座皆帶繫孔，部分座托內側

〔註28〕圓烈阿闍黎耶，《六字真言密義》，新北市：大千出版社，2012年4月，頁133。

〔註29〕戴季陶記，〈班禪大師六字真言法要講解〉，《六字真言密義》，新北市：大千出版社，2012年4月，頁15～17。

〔註30〕安志敏，〈北京西郊董四村明墓發掘記——第一號墓〉，《科學通報》，1951年第12期，頁1254～1255。

〔註31〕安志敏，〈北京西郊董四村明墓發掘續記——第二號墓〉，《科學通報》，1952年第5期，頁333～339。

〔註32〕學者楊之水亦認為該件銀鍍金嵌寶石帽頂年代應屬明代晚期之物。揚之水，《奢華之色——宋元明金銀器研究（卷二）》，北京：中華書局，2011年1月，頁126。

打象鼻孔，以便用金絲穿繫以固定打眼的寶石，若無象鼻孔者則採用爪釘的方式進行鑲嵌。或許在元明時期，帽頂的裝飾性質仍大過政治性質，即不需隨時依照階級的變化隨時替換帽頂樣式，故可採用縫綴的方式進行固定。

然而進入清代，冠頂制度已非常健全，相對在不同階級官員的冠服規定亦相對嚴密，需隨著品級的升降來換戴不同頂珠材質的頂戴，故產生出新的固定方式。其中元明時期將寶石打眼嵌在頂座的手法，仍可在清代的皇帝與其它貴族帽頂中見到，唯品官帽頂頂珠打以貫孔。筆者認為，此一打象鼻孔的方式可能受制於貴族頂珠所用寶石與珍珠較為貴重，故在鑲嵌上技法以減少破壞寶石完整度為尚，才延續此一形式。此外，現有傳世皇帝吉服冠頂，亦發現其頂座見有穿孔，亦有可能為帝王階級其為天子之尊，亦毋須顧慮品級的變化，故頂座保留了縫綴孔的形式。

三、清代頂戴之於冠帽

清代官帽使用最大特色在於為上至帝王、下至一般官員所用之冬夏冠帽各自樣式差異不大，[註33] 主要由帽飾、帽纓與帽胎三個結構所組成，其中官員之階級等第即透過帽飾（頂戴、金佛、舍林、金花等帽飾）與冠帽製作媒材進行區別。清代冠式可分為冬冠（煖帽）與夏冠（涼帽）兩類，[註34] 且場合所穿著的服飾下分朝服冠、吉服冠、常服冠、行服冠四式，筆者以清代王侃〈皇朝冠服志〉論述為參考，就冬夏兩季冠式特徵各自分述：

（一）冬冠（煖帽）

1. 冬冠通式

冬冠帽胎整體特徵見〈皇朝冠服志〉載暖帽一條：

> 煖帽盔子形如半瓜連帽簷，剪石青緞四大辦合縫，以麵糊厚紙為襯，紅藍布作裏。亦有盔子不必圓頂、不用紙襯，縫裡面著棉上摺六角收作平頂者，於老人為最宜。皆自下口將帽簷反上，斜出寸餘，外邊貼硬紙糊，環轉相接、上張下斂，有溝環圍盔子，以帽沿蒙之。[註35]

〔註33〕李理，《清代官制與服飾》，頁 196。

〔註34〕李理，《清代官制與服飾》，頁 196。

〔註35〕（清）王侃，〈皇朝冠服志〉，《巴山七種》（冊1），清同治四年（1865年）光裕堂刊本，頁 7～8。（原件為中央研究院歷史語言研究所傅斯年圖書館藏善本，典藏編號：089.76033 v.1）

上引文可知冬冠（煖帽）大抵外觀作盆狀，呈圓頂翻檐，其中圓頂套頭處又稱作「盔子」〔註36〕【圖3-6】，其製作方式有兩種，第一種為以四瓣拼接縫合成圓頂，另一種則為直筒於頂部打摺角收尾（類似包子打摺之法）成頂，多為六摺。

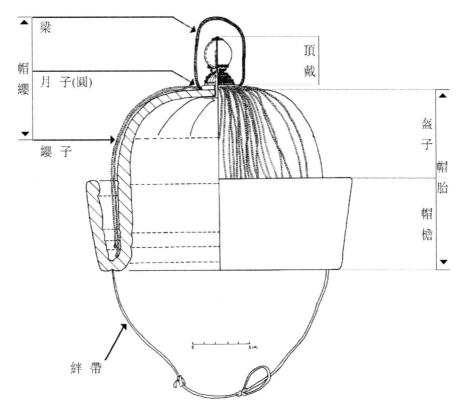

【圖3-6】冬冠（煖帽）結構名稱關係圖

（原件文物為溫蘭英女士所有，筆者繪製）

帽胎兩端各下綴一條細條藍布製成的帶子，其「以藍布窄條縫成，載盔子下口左右各一條，兩端交結、能收能放，絆於耳後頜下。」〔註37〕此帶稱作「絆帶」，其配戴時將兩條帶子對綁，繫於耳後至下巴處，並依據鬆緊自由調整，方能將帽子固定於頭上。

〔註36〕盔子，又稱「帽盔儿」，屬北京話，作為瓜皮帽的一種別稱，後來亦用以形容帽子的圓頂部位。見王秉愚，《老北京風俗詞典》，北京：中國青年出版社，2009年1月，頁20。

〔註37〕（清）王侃，〈皇朝冠服志〉，頁9。

2. 冬朝冠與吉、常、行服冠之區別

帽纓特徵作為辨別冬朝服冠與吉、常、行服冠的主要方式，一般帽纓可分作前後兩個部位（即「上、下腳」），前端上腳處圓面稱為「月子」，為拴合於帽胎的位置；下腳處則為纓子，一般皆會收入翻檐內側。

關於冬朝冠纓樣式，其「月子加大，用雙梁纓。以紅散絨為之，長鋪帽簷沿邊，積厚寸於，餘用紅紙糊托起，不使下注溝中。」〔註38〕引文可知上腳月子圓面寬大，並帶有雙提梁，下腳纓子為絨質或絲質，質地細密繁厚，纓子下托有糊紙【圖 3-7】，可使纓子挺而出檐，不收入帽檐內側。

【圖 3-7】皇帝冬朝冠

（臺北故宮博物院藏，引自賴惠敏，2012 年，圖 3）

冬吉服【圖 3-8】、常服【圖 3-9】與行服冠【圖 3-10】之帽纓特徵：

> 緯用絞絲，時式粗細不一，亦有用條條鬆絲不絞者。……上腳（月子）戴盔子、下腳（纓子）注溝中。帽月子剪紙，月圓厚分許，面徑七分、底徑四分，周圍下削以為盤纓之地。（月子）外蒙紅縐紬或染紅色，上騎紅線綵單梁。〔註39〕

【圖 3-8】皇帝冬吉服冠

（可見帽頂為金座、上銜一大珍珠，帽檐用貂。北京故宮博物院藏，引自張瓊，2005 年，圖版 157）

【圖 3-9】（清乾隆）御用冬常、行服冠

（可見帽頂為紅絨結頂，帽檐用貂。北京故宮博物院藏，引自張瓊，2005 年，圖版 159）

【圖 3-10】（清同治）皇帝冬常、行服冠

（可見帽頂為紅絨結頂，檐用青絨。北京故宮博物院藏，引自張瓊，2005 年，圖版 161）

〔註38〕（清）王侃，〈皇朝冠服志〉，頁 8。
〔註39〕（清）王侃，〈皇朝冠服志〉，頁 8。

上引文可知此類帽式帽纓月子圓尺寸較朝冠纓小，下腳纓子為絞絲或鬆絲，其帽纓尾端皆收入帽簷翻檐處內側而不外露。上引文提到官用帽纓月子圓面裹紅片金、民則用紅緞，內由一麻繩或其它橫條貫穿數條纓線盤成。此外，月子上亦見有單提梁，可固定帽頂。

　　以上四式冬冠帽胎翻檐處所用皮料或布料，【表 3-7】只有皇帝朝冠、吉服冠常服與行服冠用料有較細緻的區隔，其中又以常、行服冠制同，共分三級。王公以下官員僅有朝冠與吉服冠，而常服、形服冠皆與吉服冠制同。換句話說，除朝冠以外，王公以下官員所使用之冬吉服、常服、行服形制基本相同，故較不易區別。

【表 3-7】皇帝、官員冬冠皮料定制

	冬朝冠	吉服冠	行冠、常服冠
皇帝	1. 薰貂 2. 黑狐（十一月至上元使用）	1. 海龍 2. 薰貂、紫貂（立冬後使用）	黑狐、黑羊皮、青絨
王公	薰貂、青狐	海龍、薰貂、紫貂、青絨	如冬吉服冠，氈貂惟時
文武一品以上	薰貂、青狐	海龍、薰貂、紫貂、青絨	如冬吉服冠，氈貂惟時
文三品、武二品以上	薰貂、貂尾	海龍、薰貂、紫貂、青絨	如冬吉服冠，氈貂惟時
文四品、武三品以下	薰貂	海龍、薰貂、紫貂、青絨	如冬吉服冠，氈貂惟時
奴僕優伶	染騷鼠、狐、貉、獺皮，不得用貂。		

該表整理自托津等，《欽定大清會典（嘉慶朝）》，臺北：文海出版社，頁 1002、1012、1020。行服冠部分另交叉參考托津等，《欽定大清會典圖（嘉慶朝）》，臺北：文海出版社，頁 1489。

3. 冬冠風尚

　　關於冬冠的流行樣式，其帽盔子有時作平頂或尖頂；帽簷則有高聳、矮平、長撇或前高後低等。王侃針對煖帽所流行樣式說到：「帽盔子時或尖起，簷子或高、或平、或長、或圓、或前高後低，隨時變更。」〔註40〕此外，袁棟《書隱叢說》亦提到：「煖帽式，或頂平如盂、或頂高如盍」〔註41〕，反應

〔註40〕（清）王侃，〈皇朝冠服志〉，頁 9。
〔註41〕（清）袁棟，《書隱叢說》（載於《續修四庫全書》），上海：上海古籍出版社，2002 年，頁 543。

清代冬冠樣式的多元，除了材質有明確限制外，其外形可依照配戴者個人的喜好、時下流行或季節變換之際進行選擇，且無任何限制。

（二）夏冠（涼帽）

1. 夏冠通式

夏冠帽胎之形制特徵，見〈皇朝冠服志〉載涼帽一條：

> 緯帽棚形如覆釜，以細篾編成，上蒙紗羅，粉白、淡青隨色，裏則必用正紅。亦有象牙扁絲及細竹絲編作花紋，不蒙紗羅但用紅裏者。皆以粗鐵絲裏紙如箸……著頭帽圈不用網絡，載於棚裏，圈高寬五分以紅縐紬裏紙為之，帽絆載其上。纓緯如煖帽加長，下露圍邊；朝帽纓亦用紅，之隆然而厚。〔註42〕

承文所述，夏冠帽胎亦稱「帽棚」，整體作一倒覆之釜狀，呈尖頂敞簷【圖3-11】。其製作材質主要以細竹篾編成骨架，其於外側蒙上粉白或淡青色紗羅布料，亦有外側不蒙以淺色布料，直接露出以象牙絲或細竹絲編製內胎者。其中夏朝服、吉常服冠帽胎內側皆使用紅紗綢或紅片金布作裏。〔註43〕由於帽棚內空間寬闊，帽胎內側需綴一圈套，並在兩端綴以絆帶，方可配戴頭上。

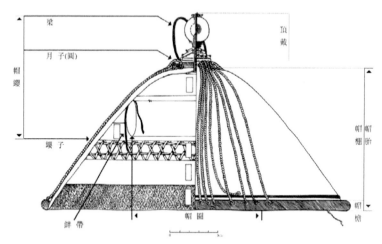

【圖3-11】夏冠（涼帽）結構名稱關係圖

（原件文物為屏東縣客家文物館藏，筆者繪製）

〔註42〕（清）王侃，〈皇朝冠服志〉，頁10～11。

〔註43〕順治八年曾定官員涼帽內裏帽緣之制，四品以上用紅片金、五品以下用紅緞裏，均倭緞緣，庶人皆用青藍緞緣，是為舊制。嗣後至乾隆朝以降，官員夏朝冠以紅紗、紅片金為裏，吉服冠則以紅紗綢為裏，均作石青片金緣。

　　然而使筆者特別注意的是，王侃於文中亦提到該帽帽胎、帽纓、網絡式帽圈皆「以有底盤之螺絲通天柱自絡頂小孔貫出棚頂，再貫羽纓月子，出二、三分管，以小轉錢用母頂旋轉、牝牡相接。」〔註44〕引文可知有一種帶底盤之螺絲柱（稱「通天柱」）並栓以一「小轉錢」之金屬片所組成的拴合結構，可夾合固定所有帽子結構的重要零件〔註45〕，是中國服飾史上所未見的特殊設計，筆者會在之後章節專門另闢章節討論。以下針對各式夏冠進行分述：

2. 夏朝冠與吉、常服冠

　　夏朝冠與吉服冠帽胎最大的差別在於帽纓與帽緣邊飾特徵上，其中夏朝冠帽胎披有厚纓，帽纓形式與冬朝冠相仿，其月子圓面皆帶雙梁，帽檐處可見兩層「石青片金緣」【圖3-12】。此外，帝王以下至輔國公貴族仍需於夏朝冠帽檐前後兩端綴以金佛、舍林、金花等帽飾〔註46〕，此類帽飾則亦不見於同階級所使用的冬朝冠制當中，其帽飾上所綴東珠數亦隨著階即有所遞減，鑒於本次論文主要以品官帽頂作為主要研究對象，故不在此詳述。

　　夏吉服冠【圖3-13】與常服冠【圖3-14】形制基本一致，除了皇帝御用吉常服冠依其冠頂不同有所區別外，〔註47〕以下

【圖3-12】皇帝夏朝冠

（可見帽檐處有兩道石青片金緣，並於前端綴一金佛帽飾，臺北故宮博物院藏，引自國立故宮博物，2011年，圖48）

〔註44〕（清）王侃，〈皇朝冠服志〉，頁11。
〔註45〕關於此一拴合結構，筆者將於第柒章深入探討。
〔註46〕金佛、舍林（滿語：Šerin）、金花自崇德朝以來即有定制，其中金佛僅皇帝與太子夏朝冠帽檐前端配用，後端則綴用舍林，以下至輔國公等貴族爵銜者，則前用舍林、後綴金花（又稱「後花」），筆者已在乾隆朝冠頂制度中交代其綴珠定制，故在此不贅述。有研究者指出，金佛與舍林的使用，透過金代天王造像的頭冠觀察，亦同樣見有佛像裝飾，應作為清代統治者延續金時期對佛教崇敬的體現。見朱漢生，《清代皇帝與文官服飾之研究》，頁89。然而筆者認為，天王造像頭冠特徵本與清代帝王冠式相異，若考慮到於笠帽檐前綴飾的裝飾行為上，則可追溯至明代，北京故宮博物院藏《明宣宗射獵圖軸》中，即可見宣宗身著戎服，其頭戴盔帽上見有帽頂，其帽檐尚亦綴有帽飾。
〔註47〕皇帝吉服冠頂上銜大珍珠、常服冠用紅絨結頂。

官員基本兩者通用。其帽胎外觀皆大抵同夏朝冠，唯帽檐處僅有一道「石青片金緣」。帽纓採用紅色細繩狀纓，其長及帽檐，較朝冠纓輕薄稀疏，故在紅纓細繩間皆可隱約露出帽胎，且月子圓面較小，上有單提梁。

【圖 3-13】
清遜帝溥儀大婚時頭戴夏吉服冠像

（可見帽頂上白點為白色大珍珠頂，帽檐一端亦綴有一珠，引自國立故宮博物院，2012 年，頁 156）

【圖 3-14】
皇帝夏常服冠

（頂作紅絨結頂，餘如夏吉服冠制，北京故宮博物院藏，引自張瓊，2005 年，圖版 157）

3. 夏行服冠（棕帽）

夏行服冠是為一種最趨近常民用的夏冠樣式，其又稱「棕帽」【圖 3-15】，內胎以玉草（亦稱德勒蘇草）為上，其次用亦有以藤絲或竹絲等材質編織而成者。外形雖與吉、常服冠類似，但帽檐不見石青片金緣，表面單純露出帽胎原色而不蒙以布料，內側裏以紅色紗或不作任何包覆，較前三式更為輕便通風。帽棚內側如朝吉常服冠式一樣需有圈套套頭，亦有在圈上做有竹編網絡者，其餘絆帶繫法如同前式。

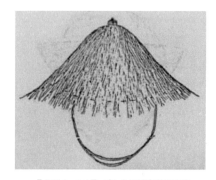

【圖 3-15】皇帝夏行服冠

（可見帽纓長過帽檐，引自《欽定大清會典圖（嘉慶朝）》，頁 1488）

針對此種涼帽之功能，袁棟於《書隱叢說》提到：「便服則用棕帽，以西牛粽（鬃）染紅為緯，以輕便及宜于衝雨也。」〔註48〕此外，福格《聽雨叢

〔註48〕（清）袁棟，《書隱叢說》（載於《續修四庫全書》），上海：上海古籍出版社，頁 543。

談》亦說到：「羽纓耐風雨，夏日行裝用之，無職庶人不准戴緯帽亦用之。其纓以犀牛毛用茜草染成……品官雨纓帽，照常頂戴。庶人則束其根如菊花頂……」〔註49〕兩筆文獻皆顯示該帽式所用帽纓以染色牛尾毛或鬃毛製成，可分成帽纓長及帽檐（又稱「緯笠」）與長過帽檐者（又稱「臺笠」）。

　　劉廷璣於《在園雜志》更提到此種染色牛毛帽纓之用法與名稱：「定制官民涼帽俱戴緯纓，惟雨天戴氂纓。今戴氂纓者眾，取其便易省事，且惜費耳。」〔註50〕文中可知該帽纓又稱「氂纓」宛如長髮一般，細如羽絲，兼能防雨，故棕帽亦得「羽纓冠」或「雨纓冠」〔註51〕之稱。此種帽式在康熙時期原本明文規定僅能在雨天使用，但由於其方便的特性，則人人皆可隨時戴用，後來也演變成官方的行服冠樣式，並於嘉慶朝正式出現在大清會典的定制中，形成「無頂戴者用之，有頂戴者惟出行、弔喪暫用」〔註52〕之區別，故為官用行服冠之由來。

　　光緒年間李虹於《朝市叢載》之〈時尚〉條裡對車夫有這般描述：「帽戴長纓，足登快靴，身穿短衣，御輪如飛，有『風擺荷葉』、『一柱香』之名。」〔註53〕可知在涼帽配戴過檐長纓在騎馬駕車時疾馳時可以造成飄逸如飛的感覺，且又能無畏於風雨，故為馬夫或車夫之時尚，若作為官員騎馬巡行所配戴，可能亦有此風韻。綜觀以上所述，可知該帽為一般常民所戴用的夏帽樣式，若為有頂戴之官員使用，則作行服冠式。

4. 夏冠風尚

　　關於各式夏冠（涼帽）帽棚之樣式，王侃提及清人所用夏冠「棚頂或尖或平式、或高聳、或平坦，各隨時不拘。」〔註54〕，可知帽棚頂部特徵作尖頂或平頂，帽棚斜度或高聳或平緩皆有。此外，袁棟更形容其造形：「或安口如鐘、或敞口如鈸，隨時變遷，不可一例。」〔註55〕其中「安口如鐘」指的就是王氏所謂的高聳樣式，「敞口如鈸」亦如可能即為平緩樣式，兩者皆可由

〔註49〕（清）福格，《聽雨叢談》，頁11。

〔註50〕（清）劉廷璣，《在園雜志》，北京：中華書局，2005年1月，頁15。

〔註51〕「雨纓冠」之稱呼見（清）吳振棫，《養吉齋叢錄》，北京：北京古籍出版社，1983年，頁234。

〔註52〕（清）王侃，〈皇朝冠服志〉，頁11。

〔註53〕（清）李虹，《朝市叢載》，北京：北京古籍出版社，1995年7月，頁118。

〔註54〕（清）王侃，〈皇朝冠服志〉，頁11。

〔註55〕（清）袁棟，《書隱叢說》，頁543。

配戴者隨心選擇。【表 3-8】在帽胎的用料材質上，不論朝冠、吉常服冠或行冠，可知皇帝至王公以下官員所用材料大抵沒有太大的區別，主要鑑別還是得依靠帽飾上的規制特徵來進行判斷。

【表 3-8】皇帝、官員夏冠料定制

	夏朝冠	夏吉服冠、常服冠	夏行服冠
皇帝	織玉草或藤絲、竹絲為質，表以羅。緣石青片金兩層、裏用紅片金或紅紗、簷敞、上綴朱緯、內加圈、帶屬於圈。	織玉草或藤絲、竹絲為質，表以羅。紅紗綢裏、石青片金緣、簷敞、上綴朱緯，內加圈、帶屬於圈。	織玉草或藤絲、竹絲為之。紅紗裏，緣如其色，上綴朱氂。
皇子	--	--	--
王公百官用	--	--	--

1. 符號「--」即為同上列。
2. 該表格整理自崑岡等，《欽定大清會典圖（光緒朝）》（收錄於《續修四庫全書》），上海：上海古籍出版社，2002 年，頁 630、662、763、771、773、790、793、796。

（三）清代頂戴特徵

清代官員冬夏冠帽上頂戴又稱「帽頂」或「頂子」，滿文作「jingse」，其做為裝飾於官帽頂部的重要結構，除了美觀之外，更可以透過頂珠寶石的材質與成色彰顯配戴者的身分地位。

關於頂戴的頂珠寶石材質選用邏輯，主要可以分成材質珍貴性與顏色兩個部分來理解。以吉服冠為例，帽頂鑲嵌寶石以大珍珠或東珠為上，其中東珠產自東北，為清室的發源地，故作為皇家珍視之物並作為私有的財產。〔註 56〕以下自王公開始及一品以下官員，則採用紅藍白黃四色以及明暗花素等特徵，向下排列出十種頂制。首先紅色珍貴者為紅寶石，其質透亮，故做親王至入八分公冠頂用頂石。然而明亮的紅寶石已為王公所用，紅色次等珍貴者為珊瑚，故為不入八分公至一品官員頂制，但珊瑚屬不透明色，且同色系又再次等的珍貴寶石已未尋，因此二品頂制則另將珊瑚刻花充之。

三品頂制首選藍色寶石中最為珍貴明亮的藍寶石，次等且較為黯淡的青金石做為四品頂制。五品頂制採用白色中最為明亮的透明水晶為之，白色不

〔註 56〕陳夏生，《溯古話今──談故宮珠寶》，臺北：國立故宮博物院，2012 年 6 月，頁 22。

透明寶石則以硨磲為六品頂制。

七以下至九品頂制屬黃色系，皆採用金頂，其可能延續清朝開國以來以金質為頂的基本傳統，但黃金無分明暗之別，故藉由素花紋有無加以區分出七、八、九品頂制，其中八、九品頂制更以陰紋陽紋再細分。最後無品級之生員及耆老用次於金的銀色系材質做頂，銀色之貴者為真銀，為生員頂制，耆老則用次等錫質做頂。

透過此邏輯的理解，可以發現很有趣的現象，即皇帝、王公等貴族所用帽頂寶石，以材質的珍貴性為首要考量，其中包含該寶石所涉及精神上的特殊意義，故較不參考慮成色問題，如珍珠呈色雖同樣為白色系，卻仍為帝王用頂，同時在貴族所使用的朝冠頂上，也僅須透過東珠數量即可區別等級。此外，非寶石製的紅絨結頂為織品材質，卻為御用帽頂，非賞賜不得擅戴，亦反映此特殊現象。然而至品官頂制的安排時，則改以顏色為主要考量，再輔以考量寶石的珍貴性，才會出現應屬高級寶石的藍寶石，反而位居珊瑚之後的現象。

為方便於後續章節精準描述各部位間的形制特徵，以下筆者參考古代文獻對帽頂的描述，試圖針對吉服冠頂與朝服冠頂的結構進行定名：

1. 朝冠頂

首先在官員朝冠頂部分，其外觀上主要可分成三層，在章典中會提到上層寶石、中間嵌小寶石與下層至整體頂座的大抵形式，若見細分其各別結構名稱者，則見《皇朝冠服志》之描述：

> 均鏤花金座，約高一寸、上出六角如亭之，覆下口空圓徑八分，通天柱從中貫出、四分插入帽月中，則空口與帽月吻合。（帽月）左右紅線縧為梁，各絆如亭之兩角，交互於中。（鏤花金座）其中鏨花金珠，圓徑六分，所嵌珠寶多寡及上銜寶石，各視爵秩。上銜寶石長寸於、上廣下銳，五棱上端棱湊合處如盍之橑，下納金銜如臙脂花含苞未放。〔註 57〕

承上文可知，王氏提及朝冠頂大致造形為六角座底，外觀宛如六角涼亭屋檐。座上有一鏨花金珠可嵌小寶石，金珠上頭有一金銜可托上銜寶石，寶石呈五楞角柱狀，寶石柱外觀為上寬下窄。通器由一通天柱貫穿，其中有四分

〔註 57〕（清）王侃，〈皇朝冠服志〉，頁 2～3。

長可以插入帽月之中，同時帽月上的雙提梁可交互套繫在朝冠頂的底座上加以固定。

　　若以現代的結構概念來觀察，朝冠頂的組件結構細緻，【圖3-16】由上至下可細分成：頂石、頂托、上座托、座中、中嵌小寶石座、下座托、座底、座柱，其中座中結構即為鏨花金珠，其上下各有一座托，下座托下接座底，而上座托又上接一頂托結構，即為王氏所謂的「金銜」，此頂托呈花托狀，使頂石看起來有如尚未綻放的花苞一樣。而座柱結構為「通天柱」，做為貫穿所有結構的重要零件。

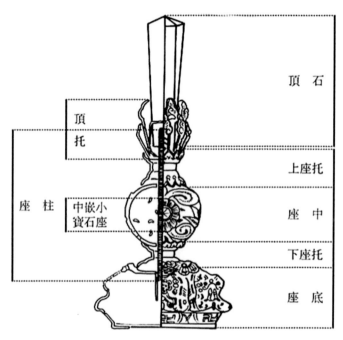

【圖3-16】官員朝冠頂結構示意圖

（筆者繪製，原件文物由簡木源先生提供）

　　此外，關於品官冠頂頂石樣式，除了楞角柱狀外，亦有長圓狀，福格於《聽雨叢談》中曾有如此一說：「諸王、貝勒之朝冠，用紅寶石，一品大臣亦用紅寶石，其分別處在一用長圓如苞、一用六楞。」〔註58〕從文中可知，角柱狀頂石除了王侃所說的為五棱式外，亦有六棱者，宛如柱狀晶體寶石的特徵。此外，按福格所述，長圓狀與角柱狀頂石是為了區隔貴族與一般官

────────────

〔註58〕（清）福格，《聽雨叢談》，頁47。

員的差異。然而，從乾、嘉、光三朝圖式來觀察，乾隆朝《皇朝禮器圖式》中的王公官員朝冠頂頂石皆作長花苞狀，而頂石為楞角柱狀則至嘉慶朝會典圖中才出現。

2. 吉服冠頂

吉服冠頂為雍正三年（1725 年）所創始的新頂制，關於吉服冠頂樣式，其外觀有如一個圓鈕子，按《皇朝冠服志》載：

> 吉服帽頂皆鏤花金座，形如覆盤，覆帽月上。（金座）圓徑八分、上加托盤、承珠圓徑七分，通天柱自珠頂貫下，插帽月中，紅線絛單梁，前後絆通天柱頂花之上。……大小圓扁隨時變不拘。〔註 59〕

根據王侃所描述，吉服冠頂有一鏤花金座，金座上有一托盤，上承一頂珠，頂珠上頭為見有頂花，全件帽頂由一通天柱貫向下並穿過帽月，帽月上單提梁可絆於頂花之上加以固定帽頂。王氏也提到，帽頂頂珠有大有小、有圓有扁，其珠形可依個人喜好選擇。

此外，關於頂珠形式，夏仁虎於《舊京瑣記》中亦曾提及：「自八分鎮國公以上均戴寶石頂，色正紫，無頂柱（應為座軸結構），故不穿眼，下鑽二孔綴於冠。然三品亦明藍頂，亦曰藍寶石頂，亦可不用頂柱也。」〔註 60〕文中頂柱應同王氏的通天柱，顯示頂珠有貫通穿孔與象鼻眼兩種，其中帶象鼻眼頂珠為入八分鎮國公以上貴族寶石頂所用，若三品官用藍寶石頂亦可打象鼻眼，其餘品官吉服各式頂珠皆打貫孔。一般而言，官員吉服冠頂亦通用於常服冠頂與行服冠頂，故又稱「平時帽頂」。

然而，若細看其結構，清代吉服冠頂可細分成座柱螺絲、頂珠、座托、座底、座底螺絲等結構【圖 3-17】，其中所謂吉服冠頂之通天柱，實為座柱螺絲與座底螺絲相拴合的結果，而頂花則是座柱螺絲頭，上頭會作有裝飾紋樣，故稱為花。座底與座柱螺絲用以拴合頂珠，而座底若與座底螺絲則可以拴合帽纓與帽胎。最後，唯皇帝所使用的吉服冠頂（頂用大珍珠頂）與常、行服冠頂（用紅絨結頂）有所區別外，〔註 61〕親王以下官員之吉服冠頂皆併用於常、行服冠上。

〔註 59〕（清）王侃，〈皇朝冠服志〉，頁 5。

〔註 60〕（清）夏仁虎，《舊京瑣記》，北京：北京古籍出版社，1986 年 7 月，頁 70。

〔註 61〕皇帝吉服冠頂為金座並上銜一大珍珠，常服冠頂與行服冠頂則使用紅絨結頂。

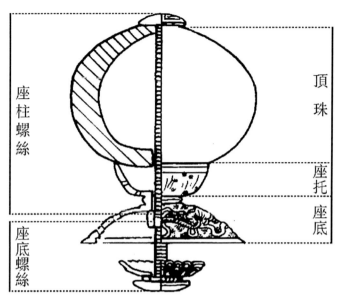

【圖3-17】官員吉服冠頂結構示意圖

（筆者繪製，原件文物為水交社出土文物，詳見第伍章）

（四）清代翎羽

清代冬夏冠飾除了官員所用的頂戴，王公貴族的金佛、舍林、金花作為品級鑑別的裝飾外，另有翎羽裝飾，清代品官翎羽共分為四等，最低等為藍翎，其以鶡鳥毛染藍製成。以上三等為花翎，又稱孔雀翎，係由藍翎加孔雀尾羽製成，花翎的等級主要透過目暈數來區分，其中以三眼為最高。按《大清會典》記載：

> 三眼孔雀翎，貝子、固倫額駙戴之。雙眼孔雀翎，鎮國公、輔國公、
>
> 和碩額駙戴之。孔雀翎，一、二、三等侍衛、五品以上有翎者戴之。
>
> 藍翎，藍翎侍衛六品官之有翎者戴之。〔註62〕

若按會典之制，可知原則上最高等的三眼花翎應為貝子、固倫額駙所戴用，雙眼翎則為鎮國、輔國公與和碩額駙戴之，一、二、三等侍衛及五品以上獲翎官員使用單眼翎，最後藍翎為藍翎侍衛與六品有獲翎官員使用，以下官員皆不得戴之。然而自道光朝以後，花翎與藍翎亦可透過向朝廷捐輸銀兩的方式獲得，便開始有了捐翎之制，《聽雨叢談》提到：

〔註62〕（清）托津等，《欽定大清會典（嘉慶朝）》，臺北：文海出版社，1991年，頁1492。

> 按從前無捐花翎之例，廣東洋商伍崇曜、潘仕成捐輸十數萬金，無
> 可加獎，始蒙賞花翎，一時榮之。自海疆軍興以來，乃有捐翎之例，
> 花翎實銀一萬兩、藍翎五千兩。後又援照捐官之項折扣，其數甚少，
> 捐者遂多。自咸豐九年，又條奏捐翎改為實銀，不准折扣，花翎七
> 千兩、藍翎四千兩。〔註63〕

由於道光－咸豐時期朝廷內憂外患、戰事頻仍，由於國庫吃緊，故鼓勵民間
向國庫捐銀，故捐翎之風盛行，〔註64〕甚至亦有透過此方式謀得官銜，賞加
頂戴之例。

　　關於花翎的配戴之法，《皇朝冠服志》提及：「今翎以玉管銜之，管施金
襯，襯套頂座之下，翎曳帽檐之後，弔喪則暫撥去之。」〔註65〕可知翎支需插
入翎管中，再將翎管套在一片狀金屬襯套上，最後栓夾於帽頂與帽纓之間。

四、清代冠帽之於袍服

　　筆者已於前面小節針對清代各式冬夏冠與頂戴特徵進行篇幅的介紹，然
而，冠帽與冠飾係屬於首服，在中國的冠服制度傳統中，首服為配合身服的
穿著所應用。因此做為首服的清代冬夏冠，因應朝服、吉服、常服、行服等身
服特徵，各有其樣式，故在此有必要對清代官員各式服裝加以認識，方能釐
清首服與身服之間的聯繫。

（一）清代官員袍服整體特徵

　　清代官員袍服主要形式為圓領、右衽，雙肩著披領，不同於明代袍服的
寬袖形式，作貼身窄袖，並於袖口見有箭袖（滿語：waha，其外形近似馬
蹄，亦稱「馬蹄袖」）設計。〔註66〕中束腰帶，上綴以兩塊至四塊帶板，有
異於帶板數較多的漢式雙鞢尾革帶，清代束帶腰際兩側帶板共有一對帶鐶，
可繫以帉帶、小刀、火鐮、荷包等件，此源自隋唐以來至遼代的鞢韘帶形
式。〔註67〕此外，袍服下擺一襟處作前後雙開裾（裾）、或前後左右四開裾

〔註63〕（清）福格，《聽雨叢談》，頁10。
〔註64〕嵇若昕，〈翎與翎管〉，《故宮文物月刊》，1985年9月，頁97。
〔註65〕（清）王侃，〈皇朝冠服志〉，頁6。
〔註66〕王雲英，《清代滿族服飾》，瀋陽：遼寧民族出版社，1985年12月，頁14。
〔註67〕鞢韘帶形式為一條主帶上綴以數個帶銙，銙中有銙眼，每個銙眼皆垂有小
　　　　帶，小帶上可繫以諸多小件如：小刀、尖錐、魚袋、囊袋小包、撒袋、箭袋
　　　　等，為北方草原遊牧民族特有的服裝配件，隋唐至遼代皆正式出現在官服制

（褉）。〔註68〕其中窄袖合身、開裾與少帶板數等特徵，皆呈現北方民族為配合馬上騎獵等活動，設計出機動性格較為強烈的服飾。關於清代官方各式服飾，以下分述：

1. 朝服

朝服形制為圓領、右衽、左右當臂連接馬蹄袖，整體作上衣下裳連身式，中隔以腰帷，腰帷以下為下裳，作裙狀，與腰帷接合處見有襞積（下裳打百摺處）【圖 3-18】，朝服上各部位龍紋與蟒紋數量按照階級各有定制。由於此服裝作為官方最高級禮服，不作騎馬射獵之服，故大裙擺的設計較顯得沉穩莊重，為清代官方服制當中唯一不作開裾的服裝。穿用時搭配朝冠，並於頸肩戴以披領，同時按階級需要與否配掛朝珠，最後腰間圍以朝帶【圖 3-19】，朝帶板飾按階級各有定秩。

2. 吉服

吉服即為俗稱的「蟒袍」或「龍袍」【圖 3-20】，其形制為通身長袍，作圓領、右衽、左右各皆以當臂連接馬蹄袖、下擺開裾且呈滿襟。由於通身佈滿龍蟒紋及雲氣、波濤、雜寶立水等花樣，故又稱作「花衣」，其紋樣的最大特徵在於下擺開裾處見有一段明顯的斜線立水紋，龍紋主要分布在前後兩肩正龍或正蟒，下擺前後襟各有一對行龍或行蟒，龍蟒紋數量按其階級各有不同。〔註69〕穿用時頭戴吉服冠，可內搭立領，同時頸上按階級需要與否配掛朝珠，最後腰間圍以吉服帶【圖 3-21】，吉服帶板飾按階級各有定秩。

度中。至元明清時期，蹀躞帶形式逐漸趨於簡單，帶板由多塊減少到二至四塊（前後、左右各一分布），數量明顯減少，其鑄眼僅在左右帶板上。在配掛方式上，亦由早期的多鑄眼各掛以不同小件，轉為多物件分別由左右帶鑲平均配掛，但在明代，此一類形帶式僅見於狩獵或戎裝服飾中，主要還是以漢式版帶為主流。關於先期蹀躞帶最有名的出土案例見西安何家村唐代窖藏出土帶具、遼代陳國公主及駙馬合葬墓出土的金銀蹀躞帶等。關於先期蹀躞帶之研究可見孫機，〈中國古代的帶具〉，《中國古輿服論叢》（增訂本），上海：上海古籍出版社，2013 年 11 月，頁 247～280。

〔註68〕按清代規制，唯宗室用袍可用前後左右四開裾（前後開二尺、左右開一尺）、其餘皆作前後雙開裾，唯行服袍以御用四開裾、宗室亦用兩裾。依此可判別各式吉服、常服與行袍是否為宗室皇親之用。見（清）福格，《聽雨叢談》，頁 12。

〔註69〕皇帝吉服通繡五爪九龍，皇子、親王以下至三品皆通繡四爪九蟒、四品至六品四爪八蟒、七品以下為四爪五蟒。詳見（清）王侃，〈皇朝冠服志〉，頁 19～20。

【圖 3-18】石青緞繡彩雲金龍夾朝袍
（親王、郡王品秩）

（北京故宮博物院藏，引自張瓊，2005 年，頁
35、圖版 19）

【圖 3-19】
親、郡王冬朝服肖像

（可見其穿戴時頭戴朝冠、頸
圍披領並垂掛朝珠、腰繫朝
帶，引自 Garry Dickinson &
Linda Wrigglesworth 2000,
p67.）

【圖 3-20】醬色緙絲彩雲金蟒夾蟒袍
（皇孫、皇曾孫、皇元孫品秩）

（北京故宮博物院藏，引自張瓊，2005 年，頁
70、圖版 40）

【圖 3-21】
肅親王善耆像（局部）

（日本早稻田大學藏，見肅親
王身著吉服並頭戴冬吉服冠，
引自「早稻田大學資源情報ポ
ータル」：http://www. enpaku.
waseda.ac.jp/db/shashin/shous-
ai.php，點閱日期 2014 年 8 月
29 日）

3. 常服

其服裝形制特徵基本與吉服相同，又稱「滿襟袍」，其形制亦為通身長袍，作圓領、右衽、左右兩邊接以馬蹄袖，下襬開裾【圖 3-22】。與吉服最大的差異在於裝飾上不見飾滿繁複的龍蟒、海水江崖、八寶立水等花紋，通身僅以單色素面，或各式暗地團花紋樣。官員穿用常服時亦須戴用常服冠，其制同吉服冠，並於腰間束以束帶，其束帶形式並無明確規定，此款服式為官員日常辦公之用【圖 3-23】。

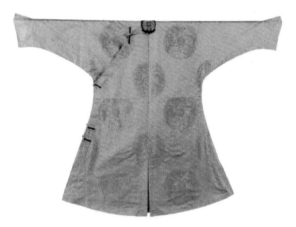

【圖 3-22】	【圖 3-23】
淺駝色團太獅少獅暗花綢單袍	官員著常服像
（北京故宮博物院藏，圖引自張瓊，2005 年，頁77、圖版 45）	（見人物右側几上見一常服冠（制同吉服冠）擱於帽筒，圖引自沈嘉蔚，2005年，頁 117）

4. 行服

行服整體外形同常服，形制為通身長袍，作圓領、右衽、左右兩邊各接以當臂與馬蹄袖，下襬衣襟前後開裾【圖 3-24】。與常服的唯一差異在於前開裾處右半邊缺一襟，實則約短左襟一尺，故又稱「缺襟袍」。在穿著時多會外搭無任何章補之行服褂（對襟短掛）服用，並頭戴行服冠【圖 3-25】，騎獵時需於腰際圍以行裳並束以行服帶，為官員出行狩獵之服，其服秩再次於常服。

5. 補褂

清代補褂，故名思義即上綴有章補的長掛，所用布料多為石青色，形制為圓領對襟掛，對襟處上綴五鈕，左右兩側與後方皆作開衩，下襬較一般馬

【圖 3-24】藍色梅蘭松竹暗花紗棉袍

（北京故宮博物院藏，引自張瓊 2005 年，頁 85、
圖版 51）

【圖 3-25】張之洞像

（其內套行服、外套馬褂、頭
戴行服冠，冠後隱約可見帽
纓長過帽簷，引自沈嘉蔚
2005 年，頁 107）

褂長，可長及膝蓋【圖 3-26】。一般補子為前後共一對，其中前補又分左右對
半，章補縫綴位置約自領口第二至第四鈕子之間。皇帝以下至貝子爵補褂作
龍紋與蟒紋圓補，其裝飾部局為前後兩肩四團與前後兩團兩類，團龍紋以正
龍為上、行龍次之、最低為四爪團蟒，〔註70〕其中皇帝補服為四團正龍，又
稱作「袞服」。

　　公爵以下至文武官員皆用方補，公、侯、伯爵前後方補皆用四爪正蟒
紋，以下文官用各式飛禽紋、武官則用各式走獸紋。〔註71〕按《清會典禮部
則例》與傳世照片可知，補褂可搭配朝服、吉服與常服使用。（【圖 3-27】至
【圖 3-29】）

〔註70〕皇太子以下補褂章補紋樣按乾隆朝《皇朝禮器圖式》記載，以下列表所示：

	皇太子、皇子	親　王	世　子	郡　王	貝　勒	貝　子
補紋	四團五爪正龍	前後 五爪正龍 兩肩 五爪行龍	前後 五爪正龍 兩肩 五爪行龍	四團 五爪行龍	前後 四爪正蟒	前後 四爪行蟒

〔註71〕文武官員補褂章補紋樣按乾隆朝《皇朝禮器圖式》記載，以下列表所示：

	一品	二品	三品	四品	五品	六品	七品	八品	九品
文官補紋	鶴	錦雞	孔雀	雲雁	白鷳	鷺鷥	鸂鶒	鵪鶉	練雀
武官補紋	麒麟	獅	豹	虎	熊	彪	犀牛	犀牛	海馬

【圖 3-26】石青地緙金雲鶴紋補褂

（北京故宮博物院藏，引自張瓊 2005 年，頁 223、圖版 124）

【圖 3-27】官員補服內搭朝服像	【圖 3-28】沈葆楨著補服內搭吉服像	【圖 3-29】官員補服內搭常服像
（見其頭戴夏朝冠、外罩補褂及披領、內搭朝服，露出裳部橫飾帶，引自 Valery Garrett 2007, p68.）	（Berthaud 拍攝（1874 年），見沈葆楨頭戴夏吉服冠、外罩補褂、內搭吉服（露出斜線立水紋），引自王雅倫，1997 年，頁 72）	（1907 年山西大學堂將去日本留學的學生合影（局部），見官員頭戴夏常服冠（同吉服冠）、外罩補褂、內搭常服（素面無任何繡紋），引自沈嘉蔚，2005 年，頁 110）

　　透過個別服式的認識，可以得知清代帝王與官員袍服從朝服到行服皆屬連身式袍，顯示清代官方服飾在整體外形上具備統一的特徵。從【表3-9】可以觀察到，吉服與常服除了有無龍紋的差異外，其形式基本相同，故在官員所配戴之冠帽當中，吉服冠與常服冠亦是通用的。此一現象同樣體現於清代的冠帽設計上，朝冠、吉服冠、常服冠與行服冠皆圍繞著涼煖帽胎的基本形式進行變化，除了夏行服冠的形制考慮到實用性，採用官民通用基本帽式，並覆上動物毛縷以求通風避雨外。其餘冠式在階級與廠合應用的區分上，僅以帽頂形制與帽縷上有顯著的鑑別功能，其次透過帽胎、紅縷製作材質上的品質差異，間接反應使用者的經濟能力。

【表3-9】清代帶頂冠式與服式對應表

首 服		身 服		穿戴場合
冬冠類（煖帽）	夏冠類（涼帽）	服式	外褂	
朝服			補褂	朝會、登基、元旦、冬至、壇、廟祭祀等重大慶典服用。御駕出入，王公百官亦均朝服迎送。
吉服			補褂	宮中花衣期、喜慶節日如萬壽、千秋、元宵、七夕、中秋等節慶，以及勞師、受俘、賜宴、官員迎送及謁見上司等典禮場合。
常服			補褂 / 常服褂	平時日常起居、大祀齋戒、經筵、恭上尊謚、供奉寶冊、服喪等日服用。

| 行服 | | | | 行褂 | 皇帝巡行、臣公扈行、行圍狩獵、文武官員出差謁客時服用。 |

註：1. 表中圖片皆為筆者繪製，繪圖來源：（清）允祿，《皇朝禮器圖式》，北京：中華書局，2004 年 1 月，頁 112、156、158、166、168。（清）托津，《欽定大清會典圖（嘉慶朝）》，臺北：文海出版社，1992 年，頁 1341、1342、1367、1369。
2. 穿戴場合內容引自：張瓊，《清代宮廷服飾》，香港：商務印書館，2005 年 12 月，頁 21～23。嚴勇，〈清代宮廷服飾的種類及其特點〉，《國采朝章——清代宮廷服飾》，香港：香港歷史博物館，2013 年，頁 5～10。宗鳳英，《清代宮廷服飾》，北京：紫禁城出版社，2004 年 12 月，頁 62。黃能馥、陳娟娟，《中國服裝史》，北京：中國旅遊出版社，頁 347、353。

（二）清代冠服制度特色的再思考

透過對於清代頂戴與服飾特徵的理解之後，筆者試圖重新思考清代服飾的最大特點，若與明代的漢式冠服作比較，前朝的官方冠服形式主要有上衣下裳（如冕服、祭服等項）與連身寬袖大袍（如袞服、公服、蟒衣等項）兩種體系。其中冕服需搭配旒冕冠；祭服需搭配梁冠（含皮弁冠、五梁冠）；而袞服、公服、蟒衣、便服等需配戴幞頭冠（含翼善冠與烏紗帽），雖同樣亦依據不同的場合配用，但三類冠帽的基本形式皆全然不同【表 3-10】。〔註 72〕

【表 3-10】明代帽冠形制一覽表

旒冕冠類	梁冠類		幞頭冠類	

九旒冕，山東明魯王朱檀墓出土（引自山東省博物館，2004 年，圖版 1）	皮弁冠，山東明魯王朱檀墓出土（引自山東省博物館，2004 年，圖版 2）	五梁冠，山東省博物館藏（引自山東省博物館，2004 年，圖版 3）	翼善冠，山東明魯王朱檀墓出土（圖引自山東省博物館，2004 年，圖版 4）	烏紗帽，上海潘允徵家族墓出土（引自上海市文物管理委員會，2009 年，彩版 60-1）

〔註 72〕陳夏生，〈清代服飾溯源〉，《故宮文物月刊》第五卷第五期，1987 年 8 月，頁 94。

　　從滿漢間的冠服形式差異中，或許更具體凸顯清代服飾的特色，其機動性不僅反映表面的箭袖或開裾等外觀特徵。在無形的設計理念中，其應用較為務實的穿戴模式，並作為官方所指定的服裝，各式冠帽與服裝主體差異越小，其相互替代挪用的彈性機會則越大，此一方式可大幅減少為因應不同場合替換各式服裝所耗費的置裝成本（時間與金錢）。

　　以清代官員朝服與吉服為例，現今坊間傳世收藏的清代服飾文物中，有一種綉以蟒紋的圍裙，上見有襞積等特徵，形似於男性朝服的下擺【圖 3-30】，紋飾佈局與清代女性所使用的朝裙有很大的不同。此外，筆者在查閱資料時，從《清俗紀聞》中看到日本人於嘉慶年間描繪清代中國官員的蟒袍時，其形象為一件雲紋袍外圍此類圍裙，並在接合處束以朝帶【圖 3-31】。

【圖 3-30】石青色朝裙

（引自 Paul Haig & Marla Shelton 2006, p14.）

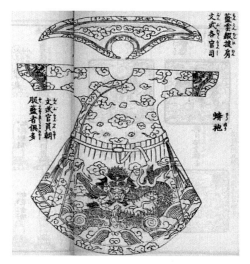

【圖 3-31】日本人所繪的清代官員蟒袍

（圖引自《清俗紀聞》，頁四）

　　上述現象透露清代官員在行朝服之制時，很有可能藉由吉服腰部以上樣式與朝服相近的特質，刻意將朝服用吉服下圍以朝服裙代之。同時，若再外搭補褂，在僅會露出朝裙下擺的情況下，〔註73〕不管內著長袍為何種形式，皆能以假亂真。因此清代官員消費能力微薄者，只需購置吉服與朝裙，就能同時應付朝服制與吉服制的規定，實屬較為經濟的做法。

　　若將此邏輯套用在清代官員朝冠與吉常服冠，兩者帽胎外觀特徵並不同，僅有帽纓與帽頂的不同。故極有可能發生一個現象，即官員只需購置一付涼煖帽胎，為配合服制的需要，利用清代冠帽可拆卸重組的特性，隨時替換朝冠式或吉常服式帽纓與帽頂，即可變換朝冠或吉常服冠，此種方式在明代冠帽使用上是無法達到的。

五、小結

　　清代帽頂的設計淵源承襲金、元、明的傳統，雖然吉服冠頂所承襲的形制特徵較朝冠頂更為悠久，但兩者的螺絲結構卻作為歷朝帽頂裝飾文化上的重要變革。

　　若試圖總結清代各冠飾的功能，以頂戴最為重要，其安於頭頂位置，明確突顯戴用者的身分與品級。以鎮國公與輔國公為例，入八分者用紅寶石吉服冠頂、不入八分則用珊瑚頂，此一現象除反映入八分之有無外，更顯示該員宗室血親之遠近。而王公之爵銜者所使用的冠飾上，刻意在夏朝冠上額外添加金佛、舍林與金花，更凸顯其爵位的崇高。

　　關於頂珠材質為何以紅藍白黃四色為基礎色，筆者在研究回顧中曾提到國外有「五行說」與「八旗說」之論點，然而目前尚無歷史文獻能夠提供具體解答，只能從細微的資訊進行推敲。筆者認為「八旗說」可能較接近主因，但之中還存在某些矛盾的問題，〔註74〕以致仍無法有效的解釋其原由，故筆者近一步考慮此四色與滿族文化可能的聯繫。若從滿族自身的文化信仰入手，

〔註73〕Paul Haig & Marla Shelton 2006, *Threads of gold-Chinese textiles Ming to Ching*, Schiffer publishing ltd, U.K., p14.

〔註74〕主因在於八旗用色雖亦用紅藍白黃做為底色，但在八旗制度中又有上三旗與下五旗之分，其中鑲黃、正黃、正白為上三旗，由皇帝統領；正紅、鑲白、鑲紅、正藍、鑲藍為下五旗，由諸王貝勒掌控。若套用帽頂以顏色來區分低下的邏輯，黃色再品官頂制中位居末位，明顯與八旗的主從關係相矛盾，因此清代頂戴頂珠的顏色劃分仍遷就於使用材質實際的珍貴性進行取捨，並非全然依照八旗的顏色進行排序。

滿族薩滿史詩《烏布西奔媽媽》中有一則神話，其描述如下：

> 宇宙始出，天母阿布卡赫赫打敗了惡魔耶魯里，派下了身邊的鷹首
> 女侍從臥勒頓了人世間第一個女薩滿，將混混沌沌的天穹抓下一大
> 片，給她做成天穹的神鼓，並用耶魯里的小惡魔做她的鼓槌。臥勒
> 頓媽媽拿起鼓槌，敲了第一下神鼓，才有了藍色的天；敲了第二聲
> 神鼓，才有了黃色的地；敲了第三聲神鼓，才有了白色的水；敲了
> 第四聲神鼓，才點起了紅色的太陽光；敲了第五聲神鼓，才慢慢地、
> 慢慢地生出了生靈萬物與人類。〔註75〕

透過滿族薩滿教的神話可以得知，紅藍黃白四色在滿族的信仰當中，分別象徵太陽、天空、大地、水，四者皆作為文明誕生的必要元素，或許可以從旁解釋其作為八旗、頂制用色的設計淵源。

　　最後，清代官員冠服雖分四類，頂式卻為兩種。然而帽頂作為官員服儀重器，其中朝冠頂僅用於朝冠上，並搭配朝服，而吉服冠頂亦充作平時帽頂，故可同時搭配常服、行服冠使用，反映清代平時帽頂的設計為因應各式場合使用的方便，發展出可以自由拆卸組裝的特徵。同時，此種組裝搭配的模式亦可套用於帽纓、花翎的使用，甚至擴及袍服的穿搭，由此皆顯示出清代服飾的設計理念，除了保留「國語騎射」的精神外，更能透過些微的調整與穿搭以符合各式禮儀上的需求，相較明代漢式官服更來得彈性，又能符合經濟效益。

〔註75〕王宏剛、于國華，《滿族薩滿教》，臺北：東大圖書公司，2002 年 6 月，頁 23。

第肆章　中國地區考古與清宮舊藏官帽與頂戴

一、來源說明

　　鑒於大陸地區作為清代統治版圖的主要區域，以及清代臺灣對大陸地區在政治與地理位置上的從屬關係，故在討論臺灣清代頂戴年代之前，需先將大陸地區現有考古發掘相對年代出土與傳世紀年的清代頂戴進行疏理，確認清代大陸本地所使用的頂戴裝飾風格特色。首先在考古文物的部分，以墓葬類的遺址為主，現有明確考古資料並且發表案例有限，多集中北京、天津地區墓葬群遺址的發掘，而內蒙古、蘇州、上海、福建、廣東則有各別零星的發掘簡報公佈。然而，大多數墓葬不見有墓碑等相關紀年資訊，筆者僅能以墓葬伴出的銅錢絕對年代或發掘報告所描述整體墓葬，以及伴出遺物風格特徵所透露的相對年代，作為參考依據。

　　關於大陸地區傳世的案例，筆者使用清代宮廷舊藏的文物作為參照，兩岸故宮皆有內廷收藏的頂戴等冠服文物，階級涵括帝王及官員等品秩，其中部分帽頂甚至隨著故宮搬遷而輾轉到了臺灣。檢視兩岸故宮歷年來所發表及出版相關服飾圖錄當中，姑且不論之中零星發表的幾件傳世官員頂戴，絕大部分的清宮舊藏頂戴皆不見具體的紀年文字與進呈明細，吾人較難以準確判定帽頂的所屬年代，僅能透過考古出土的頂戴風格相互對應。值得慶幸的是，國立故宮博物院（臺北故宮）所典藏的官用與王公貴族所使用的頂戴當中，即有三件附進呈黃籤，可針對特定裝飾風格提供明確的年代指標。筆者將於以下小節，針對吉服冠頂及朝冠頂之裝飾特徵各別分類論述。

二、考古出土與傳世吉服冠頂的裝飾風格

現有傳世與考古出土的吉服冠頂，從其頂座裝飾特徵差異大致可分成兩大類，第一類頂座呈一體成形樣式，基底多為翻鑄或敲花工藝製成，形成平面的視覺感，按其座底紋樣可下分三型，第一型為花瓣型、第二型為如意紋型、第三型為減地紋型；第二類頂座呈附加堆疊樣式，基底以纍絲焊接工藝製成，視覺感較第一類立體，按其紋樣可下分兩型，第一型為花瓣型、第二型為花蕾型，以下分述：

（一）第一類──一體成形樣式頂座

1. 第一型花瓣紋頂座

其特徵為覆式菊瓣樣式，可依其花瓣特徵下分尖瓣、圓瓣、乳突瓣三式：

（1）第 I 式為尖瓣式，可依據其座柱螺絲頂部、座托與座底間尖菊瓣花紋的裝飾特徵細分成 I-a、I-b、I-c 三式：

① I-a 為座底、座托與座柱螺絲頭部皆為尖瓣花紋，其中座底尖瓣紋可就其鏤空有無分成 I-a-1、I-a-2 兩種。

I-a-1 以北京海淀區五棵松藍球館 M42 出土銅帽頂（M42：2）為例【表4-1】，通高 5.1cm，為銅質鎏金。座柱螺絲頂部作尖瓣團花樣式，銅質頂珠呈寬圓形，並留有局部鎏金層；座托作仰式兩層尖瓣紋，束頸下接座底。座底為三重鏤空覆尖瓣紋，以下可見一座底螺絲，其螺絲頭呈圓片狀。按該帽頂之頂珠特徵，推測為文武七品官員或進士吉、行服冠頂品秩。該帽頂出土於墓主頭頂位置，墓中尚未出土銅錢遺物，若參考其周邊墓葬出土銅錢年代大致介於乾隆至咸豐年間。〔註1〕

I-a-2 見北京魯谷金代呂氏家族墓 M31 出土半透明料石帽頂（M31：23）【表 4-1】，通高 4.6cm，為銅直鎏金。座柱螺絲頭部作尖瓣團花樣式，頂珠為實心透明料石材質，呈正圓形，上下由座軸螺絲貫穿。座托為兩重仰式尖瓣紋，束頸下接三重覆式尖瓣紋座底，座底無鏤空。座底以下見有座底螺絲，但座底螺絲已有殘斷，故不見螺絲頭。按頂珠之特徵，推測為水晶或透

〔註1〕 鄰近墓葬如：北側 M40 出土銅錢紀年下限為乾隆通寶、東側 M41 出土銅錢紀年下限為有咸豐通寶、西側 M44 出土銅錢紀年下限為出土有乾隆通寶。北京市文物局、北京市文物研究所，《北京奧運場館考古發掘報告（上）》，北京：科學出版社，2007 年 11 月，頁 31～33、35、62。

明玻璃，應屬文武五品官員吉、行服冠頂品秩。該帽頂出土於墓主頭部右側，墓中亦伴出乾隆通寶。〔註2〕

【表4-1】第一類一型 I 式頂座形制分類表

第一型				
I 式				
I-a		I-b		I-c
I-a-1	I-a-2	I-b-1	I-b-2	
銅帽頂，北京海淀區五棵松藍球館M42出土（M42：2）（引自北京市文物研究所，2007年，彩版十九-2）	透明料石帽頂，北京魯谷金代呂氏家族墓 M31出土（M31：32）（引自北京市文物研究所，2010年，彩版二一-1）	藍色半透明料石帽頂，北京魯谷金代呂氏家族墓 M24 出土（M24：2）（引自北京市文物研究所，2010年，彩版二一-3）	銅帽頂，天津薊縣上寶塔清代墓地 M210出土（M210：2）（引自天津市文化遺產保護中心，2013年，圖七八-2）	水晶帽珠，北京朝陽區中國科技新館奧運公園 B01 地清墓 M3出土（M3：1）（引自北京市文物研究所，2007年，彩版八六-1）

② I-b 頂柱螺絲頂部飾以團壽字紋，座托則為簡筆陰線刻或鏤空紋，其中又因其座托花口之有無，下分成 I-b-1、I-b-2 形式。

I-b-1 以北京魯谷金代呂氏家族墓 M24 出土（M42：2）為例【表4-1】，通高 4.2cm，座柱螺頂部見陰刻團壽字紋，其螺桿貫穿頂珠。頂珠為實心藍色玻璃，呈正圓形，中央以座軸貫穿。座托與座底一體成形，座托為花口，表面作陰刻線紋，其束頸下接覆式三層鏤空尖瓣紋座底。此件帽頂座底螺絲以殘斷，故無法確知其螺絲頭部具體樣式。按帽頂之頂珠特徵，推測為藍色亮玻璃，應屬文武三品官員吉、行服冠頂品秩。該頂戴出土於墓主頭部西側位置，伴出有同治重寶。〔註3〕

〔註2〕北京市文物研究所，《魯谷金代呂氏家族墓葬發掘報告》，北京：科學出版社，2010年1月，頁69～71。

〔註3〕同前註，頁91～92。

I-b-2 以天津薊縣上寶塔 M210 出土銅帽頂（M210：2）為例【表 4-1】，通高 4.8cm，頂珠為銅質，呈正圓形。座托為平口，飾有鏤空紋，並束頸下接一重尖瓣紋座底。座底以下疑似有一層不明物質，應是帽緱等官帽織品結構殘屑。〔註4〕按文中所提及帽頂之材質，推測為文武七品官員或進士吉、行服冠頂品秩。該帽頂出土於墓主頭蓋骨上，可知墓主應頭戴官帽入殮。全區出土大量康熙、乾隆、嘉慶、道光等朝銅錢，整體年代應為清代中期，〔註5〕可做為帽頂的參考年代。

③ I-c 為結合 I-a 與 I-b 之特徵者，以北京朝陽區中國科技新館奧運公園 B01 第 M3 出土五品帽頂（M3：1）為例【表 4-1】，〔註6〕通高 4.3cm、座徑寬 3.6cm，座柱螺絲頂部飾有陰刻團壽字紋，其螺桿貫穿頂珠。頂珠為實心透明水晶，呈寬圓形。頂座座托作仰式尖瓣紋，束頸下接覆式三重尖瓣座底。座底以下見有座底螺絲，但已殘斷故不知其頭部特徵。該墓出土於墓主頭頂，全區出土有順治、康熙、乾隆、嘉慶等朝銅錢，整體年代應為清代中期，〔註7〕可做為帽頂的參考年代。

（2）第 II 式為乳突瓣式，以北京朝陽區亞運村奧林匹克會議中心 M32 出土銅帽頂為例【表 4-2】，通高 3.9cm，表面鏽蝕故不見鎏金層。座柱螺絲頂部見陰刻團壽字紋，頂珠為銅質，呈寬圓形並於中央見有一道合範線。以下座托與座底一體成形，座托為仰式乳突菊瓣紋，座底則作覆式三層乳突菊瓣紋。帽頂座底螺絲已佚失，故不知其樣貌。按該帽頂之頂珠特徵，推測為七品或進士帽頂品秩。原發掘報告並未載明其具體出土位置，僅知亦出土數枚乾隆通寶。〔註8〕

（3）第 III 式為圓弧瓣式，以北京朝陽區奧運一期工程 M20 出土帽頂為例【表 4-2】，全器通高 5.5cm。座軸螺帽見陰刻團壽字紋，頂珠為白色料珠，呈正圓形。座托為仰式圓弧菊瓣紋，座底則為覆式鏤空三層圓弧菊瓣紋；該

〔註4〕 天津市文化遺產保護中心，《天津考古（二）》，北京：科學出版社，2013 年 3 月，頁 220～221。

〔註5〕 同前註，頁 304。

〔註6〕 北京市文物局、北京市文物研究所，《北京奧運場館考古發掘報告（上）》，頁 448。

〔註7〕 該墓雖伴出銅錢 15 枚，但作者並未說明銅錢的具體年代，僅能透過全區整體出土銅錢年代進行參照。同前註，頁 433、449～450。

〔註8〕 北京市文物局、北京市文物研究所，《北京奧運場館考古發掘報告（下）》，頁 151～152。

【表4-2】第一類一型 II、III 式頂座形制分類表

第一型	
II 式	III 式

銅頂戴，北京朝陽區奧運一期工程 M32 出土（M32：8）（引自北京市文物局、北京市文物研究所，2007 年，圖版三十-5）	頂戴，北京朝陽區奧運一期工程 M20 出土（M20：4）（引自北京市文物局、北京市文物研究所，2007 年，圖五四-5）

發掘報告提及此件帽頂座底以下有一鐵質結構，由於文中之測繪圖並無顯示其剖面結構，且未公開文物影像，不排除頂座為翻鑄成型的可能。按文中所描述之頂珠特徵，推測為白色涅玻璃或其它材質，應屬文武六品官員吉、行服冠頂品秩。該帽頂出土於墓主頭頂位置，並伴出銅錢五枚，皆為「嘉慶通寶」。〔註9〕然而，類似紋飾帽頂可見故宮博物院藏一件鎏金頂戴【圖4-1】，其座托與座底處即為此種圓瓣式，然紋飾係以纍絲技法制成，可作為北京朝陽出土六品頂戴頂座紋飾之參照。

【圖 4-1】清鎏金頂戴

（國立故宮博物院藏，贈玉000247N000000000。引自《數位典藏與數位學習聯合目錄》：http://catalog.digitalarchives.tw/item/00/11/22/10.html，2014/08/23 瀏覽）

2. 第二型如意紋頂座

以北京房山六間房墓葬 M1 出土的銅

〔註 9〕北京市文物局、北京市文物研究所，《北京奧運場館考古發掘報告（上）》，頁306。

帽頂（M1：1）為例【表 4-3】，全器通高 4.6cm，為銅質鎏金，座軸螺帽作兩重六瓣梅花形，且中央帶一突點。頂珠呈正圓形，座托與座底一體成形，座托作仰式蓮瓣紋，束頸下接覆式三層如意雲頭紋座底。按該帽頂之頂珠特徵，推測為文武七品官員或進士吉、行服冠頂品秩。該墓葬頂端見有盜洞，應受盜擾，而帽頂出土於墓主盆骨右側，同時伴出有乾隆通寶。〔註 10〕形制與此相同之帽頂亦見於國立故宮博物院藏民公、侯、伯、文武一品官員等所用珊瑚吉服冠頂（故雜 8452）【表 4-3】，通器高 3.2cm，頂珠為紅色珊瑚材質，呈正圓形，唯座軸螺帽作尖瓣團花，中央亦帶一突點。該帽頂并附有墨書：「乾隆四十三年（1778）十月初八日收桂元承」之黃籤，可做為其製作與使用時間。〔註 11〕

【表 4-3】第一類第二型頂座形制分類表

第二型	

銅帽頂，北京房山六間房墓葬 M1 出土（M1：1）（引自北京市文物研究所，2008 年，頁 161，圖四-1）	文武一品吉服冠頂，高 3.2cm，國立故宮博物院藏，故雜 8452。（引圖自國立故宮博物院，1986 年，頁 105）

3. 第三型減地紋頂座

其頂座裝飾特徵為地紋作減地鏤空形式，使主紋呈現淺浮雕的視覺感，又可按其紋飾佈局特徵下分 I、II 式：

〔註 10〕北京市文物研究所，《北京段考古發掘報告集》，北京：科學出版社，2008 年 4 月，頁 161。

〔註 11〕國立故宮博物院，《皇家風尚——清代宮廷與西方貴族珠寶》，臺北：國立故宮博物院，2012 年 6 月，頁 457。（圖版 I-1-18）

（1）第 I 式以天津薊縣上寶塔清代墓 M203 出的銅帽頂（M203：2）為例【表4-4】，通高約 3.8cm，座柱螺絲頭飾陰刻團壽字紋、頂珠留有部分鎏金層，呈寬圓形。座托作鏤空花口並束頸下接座底，座底為淺浮雕主地紋，主紋飾由於出土報告發表之線繪圖與照片限制，無法具體辨識其母題，主紋以下減地佈滿如海綿般的鏤空紋飾。座底以下為座底螺絲，其螺帽作圓片狀，同時座栓螺桿中央另栓有一小圓片。〔註12〕按該帽頂之頂珠特徵，推測為文武七品官員或進士吉、行服冠頂品秩。該帽頂出土於墓主頭頂位置，全區出土大量康熙、乾隆、嘉慶、道光等朝銅錢，整體年代應為清代中期，可做為帽頂的參考年代。〔註13〕

【表4-4】第一類第三型 I、II 頂座形制分類表

第三型	
I 式	II 式
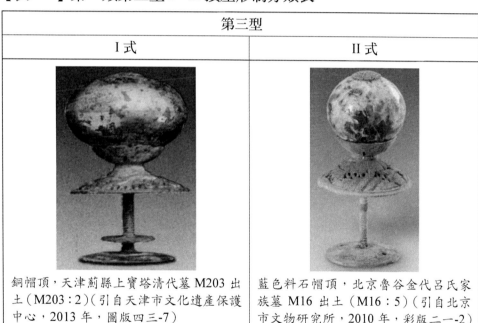	
銅帽頂，天津薊縣上寶塔清代墓 M203 出土（M203：2）（引自天津市文化遺產保護中心，2013 年，圖版四三-7）	藍色料石帽頂，北京魯谷金代呂氏家族墓 M16 出土（M16：5）（引自北京市文物研究所，2010 年，彩版二一-2）

（2）第 II 式則以北京魯谷金代呂氏家族墓 M16 出土帽頂（M16：5）為例【表4-4】，通器高 7.5cm（含座底螺絲），座柱螺絲頭部作陰線刻團壽字紋，頂珠為不透明藍色料石，呈正圓形。座托作鏤空花口並束頸下接座底，座底見兩層橫式飾帶，上層為覆式菊瓣紋，下層為鏤空主地紋，主紋母題依稀可

〔註12〕天津市文化遺產保護中心，《天津考古（二）》，北京：科學出版社，2013 年 3 月，頁 210～211。

〔註13〕同前註，頁 304。

辨識出桃葉、彩帶、陰陽板等。座底以下為座底螺絲，其螺絲頭作圓片狀。按帽頂之頂珠特徵，推測為藍色暗玻璃，應屬文武四品官員吉、行服冠頂品秩。該帽頂出土於墓主頭部右側，伴出有道光通寶。〔註14〕

綜觀上述三型的帽頂特徵，由於第一型 ii 式出土案例數量較多，可以發現，此類座軸螺帽造形主要有陰刻團壽字紋與團菊瓣紋兩種，而座托則作仰式菊瓣或陰線鏤空花口式，兩者間並無固定的對應（如菊瓣紋螺帽必會配對仰式菊瓣座托），而是任意搭配。此外，壽字紋螺帽亦出現在第三型的帽頂上，而第二型帽頂螺帽則使用帶凸點梅花或凸點尖菊瓣紋飾，且座托採用蓮瓣紋裝飾，裝飾手法相較於其它二型有所區別。

（二）第二類——附加堆疊樣式頂座

第二類頂座則為纍絲成形，目前可分成兩型，第一型為尖菊瓣形、第二型為花蕾形，以下列述：

1. 第一型菊瓣紋頂座

其座托與座底皆呈菊瓣，可依其頂座瓣紋特徵下分 I、II 兩式：

（1）I 式頂座為尖型菊瓣紋裝飾，以國立故宮博物院藏芙蓉石吉服冠頂為例【表 3-5】，〔註15〕通高 4.9cm，頂座為銅質鎏金，頂座座軸螺帽為陽紋團壽字紋，頂珠為粉紅色芙蓉石，呈正圓形。頂座菊瓣一端呈尖型，其座托為兩重立體仰式尖菊瓣紋，束頸處箍有一環，下接三重立體覆式尖菊瓣紋座

〔註14〕北京市文物研究所，《魯谷金代呂氏家族墓葬發掘報告》，頁 52～53。
〔註15〕《皇家風尚——清代宮廷與西方貴族珠寶》曾討論該件帽頂之品秩，提及芙蓉石在乾隆時期才逐漸受到注意，而清代冠制中並未提到芙蓉石頂，倘若考慮雍正時期曾以相同顏色的玻璃來代替寶石，芙蓉石的顏色接近碧璽，故推測為嬪妃吉服冠頂。但按乾隆朝《皇朝禮器圖式》所記載，妃、嬪、皇太子妃吉服冠頂珠乃用碧玡𤩽，筆者姑且不論清代碧玡𤩽與碧璽是否為同種寶石，但透過對清代后妃肖像的觀察，美國克利夫蘭藝術博物館藏乾隆元年（1736）郎世寧所繪製〈心寫治平——乾隆帝后與十一位妃子像〉圖卷，繪有乾隆皇帝及其后妃著吉服半身像，其中妃級與嬪級貴族吉服冠頂頂珠顏色呈現黛綠色，在成色上明顯與故宮的論點有所出入。此外，在觀察皇帝家眷成員的肖像與其它清宮舊藏帽頂中，部分吉服冠頂形象與實物中出現無座軸之特徵，亦與此件帶座軸的帽頂不同。因此，若真從顏色與形制等角度來考慮，此件芙蓉石頂反而較接近紅寶石吉服冠頂其紅色透亮的特質，整體形制規格上亦可能略遜於皇帝親眷。有鑒於此，若要以吉服冠頂的規格視之，筆者仍保守視為紅寶石頂的範疇，歸類為王公大臣及其福晉夫人用頂，因此納入本文討論。關於故宮論述參見：國立故宮博物院，《皇家風尚——清代宮廷與西方貴族珠寶》，頁 457。

底。座底以下見有座栓，座栓螺帽為圓片狀。該帽頂并附有墨書：「同治元年（1862）三月十三日收」之黃籤，可做為其製作與使用時間。〔註16〕

　　相同的頂座裝飾技法可見故宮博物院藏另外三件紅色玻璃帽頂（見【表4-5-a】故雜 5980、5986、5984），頂珠紅色成色深淺有別，皆承現寶石質感。全器通高約 6.8～7.1cm 不等，其中故雜 5980 帽頂并附有墨書：「咸豐十一年（1861）八月初五日收金環交」之黃籤，所見座底與座托皆作纍絲尖瓣狀，唯頂珠未貫穿座軸，故不見其螺帽，關於內部栓合結構之特徵，我們可以從光緒年間夏仁虎所撰《舊京瑣記》窺見其端倪：「自八分鎮國公以上均戴寶石頂，色正紫，無頂柱，故不穿眼，下鑽二孔綴於冠。然三品亦明藍頂，亦曰藍寶石頂，亦可不用頂柱也。」〔註17〕文中提到八分鎮國公以上貴族官員的冠頂寶石為正紫色，所謂正紫可能指的就是此類暗紅寶石色頂。並且亦指出該品秩之帽頂無頂柱之特徵，而頂柱即為由座軸或座底栓柱所結合的結構，可知其頂珠並非以貫穿方式栓合，而採用於一端作象鼻孔綴於頂座上。類似此種不用貫穿栓合法的模式，亦可在皇帝與后妃使用的綴大珍珠吉服冠頂上見到。此外，該款座底以下略隱約可見座底螺絲，螺桿上亦栓有圓形夾片。

【表 4-5-a】第二類第一型 I 式頂座形制分類表

第一型			
I 式			

清同治，芙蓉石吉服冠頂（故雜 5981），高 4.6cm，國立故宮博物院藏。（引自國立故宮博物院，1986 年，頁 106）	清咸豐，紅色玻璃吉服冠頂（故雜 5980），國立故宮博物院藏。（引自廖伯豪，2018 年，圖 4）	紅色玻璃吉服冠頂（故雜 5986），高 6.8cm，國立故宮博物院藏。（引自國立故宮博物院，1986 年，頁 106）	紅色玻璃吉服冠頂（故雜 5984），高 7.1cm，國立故宮博物院藏。（圖左引自陳夏生，1985 年，頁 83；圖右引自國立故宮博物院，1986 年，頁 106）

〔註16〕同前註。
〔註17〕（清）夏仁虎，《舊京瑣記》，頁 70。

（2）II 式頂座為弧型菊瓣紋飾，該式頂座具體特徵，所見國立故宮博物院藏二品起花珊瑚吉服冠頂（【見表 4-5-b】故雜 4858），其頂座座軸螺帽為花形，頂珠為珊瑚材質，呈正圓形，表面陰刻纏枝番蓮花紋樣。〔註18〕頂座菊瓣一端呈弧型，座托為兩重立體仰式弧菊瓣紋，束頸處箍有一環，下接三重立體覆式弧菊瓣紋座底，該件帽頂并附有墨書「乾隆四十三年（1778）十月初八日收桂元呈」黃籤。此外，筆者同時參照院藏的另一件銀鍍金緝米珠萬服便頂（圖4-2），該帽頂雖非官員品秩，但其頂座拴合結構與裝飾紋樣皆與院藏二品起花珊瑚吉服冠頂一致，呈弧菊瓣紋，該頂戴附有黃籤題為：「咸豐三年（1853）正月二十日收平順交」。

【圖 4-2】（清咸豐）銀鍍金緝米珠萬服便頂
（高 5.7cm，國立故宮博物院藏，引自國立故宮博物院，2014 年，頁 68、圖 11-4）

【表 4-5-b】第二類第一型 II 式頂座形制分類表

第一型	
II 式	

清乾隆，二品起花珊瑚吉服冠頂（故雜 4858），國立故宮博物院藏。（引自廖伯豪，2018 年，圖 9）	清同治，紅色玻璃吉服冠頂（故雜 5983），高 3.5cm，國立故宮博物院藏。（引自廖伯豪，2018 年，圖 2）

〔註18〕廖伯豪，〈寶頂珠光──從故宮院藏吉服冠頂譚清代帽頂珠料製作及應用〉，《故宮文物月刊》402 期，2018 年 2 月，頁 96。

相同頂座裝飾另有院藏紅色玻璃吉服冠頂（【見表 4-5-b】故雜 5983），其拴合結構同 I 式之紅色玻璃帽頂，其頂珠亦無貫穿座軸，採象鼻眼固定，該件帽頂并附有墨書「同治元年（1862）三月十七日收」黃籤。

若將 I、II 兩式案例一同檢視，除起花珊瑚帽頂外，其餘頂珠皆具備紅色寶石帶有透亮的特質，只是成色深淺有別而已，且固定頂座方式皆採象鼻眼式鑲嵌，因此皆可以被合理視為屬於王公階級頂制，顯示該型菊瓣紋頂座通用於王公及官員所用吉服冠頂，其中又以 II 式的帽頂紋飾發展年份較為明確，為乾隆至同治年間所流行。

2. 第二型花蕾紋頂座

為座軸螺帽、座托與座底皆以銅絲彙成圈狀，並於中央焊一銅珠作花蕾，層層排列堆疊其上，承現滿花的效果。此類帽頂出土案例較多，且廣佈於國內各省，且樣式一致，以下逐一列述：

（1）北京朝陽區奧運一期工程 M21 出土五品帽頂（M21：2）一件【表 4-6】，通高 5.5cm，座軸螺帽為九團花蕾式，頂珠為實心透明玻璃或水晶，呈正圓形，表面因埋藏關係產生風化的現象，故產生霧面現象。座托作兩層花蕾，其束頸下接座底，座底為四層花蕾裝飾。座栓螺帽為凹形圓片，其中央帶穿孔貫通座栓螺桿。座栓與座底間夾有上下兩層纖維與織品結構，上層結構應為帽纓纓首，下層則為帽胎結構。該帽頂出土於墓主頭部右側位置，並於腹部肋骨左側見有白玉翎管，同時伴出有道光通寶及光緒重寶各一枚。〔註 19〕

（2）福建省安溪縣湖頭 M2 出土銅帽頂（M2：7）一件【表 4-6】，通高 4.5cm，頂珠呈束圓形，且頂珠表面沾附有帽纓提梁殘屑，可知其入葬時已拴合於帽上。按帽頂之頂珠特徵，為文武七品官員或進士吉、行服冠頂品秩。該墓葬結構保存完整，為二屈首二墓埋墓，墓碑、供臺皆保存完整，其中墓碑中款題有「清例贈修職郎晉贈文林郎太學生鐵山李公墓　次男太學生仁靜公拊裕」，明確表明墓主的品銜。此外，墓中亦出土銅錢一枚，因銹蝕而無法辨識其年號，但發掘者仍推測墓葬年代應屬於清代末期。〔註 20〕

〔註 19〕北京市文物局、北京市文物研究所，《北京奧運場館考古發掘報告（上）》，頁 307～309。

〔註 20〕福建博物院、安溪縣博物館，〈安溪湖頭明清墓葬〉，《福建文博》，2003 年第 1 期，頁 64～65、75。

（3）內蒙古自治區呼倫貝爾東烏珠爾發現一座四品武官墓，該墓發表於普查報告，並未公布詳細墓葬資料，僅註明曾遭受自然破壞。〔註21〕然而，此墓出土文物豐富，見有全套冠服（含吉服冠、吉服、吉服帶、補服、朝珠……等項），且狀況良好。其中冬吉服冠上綴有帽頂，此帽頂頂珠為正圓形藍色不透明材質，推測為玻璃或青金石【表4-6】，且頂座略見有銅銹。此外，帽頂後方同時綴有翎羽（目視推測為藍翎）。若判定該墓葬可能年代，可檢視伴出補服（或稱補褂）上的老虎補子佈局風格，其中可見畫面下方見有三分之一立水紋，為清代晚期之特徵，年代約為十九世紀中期至二十世紀（同治－光緒朝），〔註22〕可做為墓葬時間參考依據。

【表4-6】第二類二型頂座形制分類表

第二型		

五品吉服冠頂，北京朝陽區奧運一期工程 M21 出土（M21：2）。圖引自北京市文物局、北京市文物研究所，2007年，彩版四九-1。	七品銅帽頂，福建省安溪縣湖頭 M2 出土（M2：7）。圖引自福建博物院、安溪縣博物館，2003年，頁76，圖十三-1。	四品冬吉服冠，內蒙古自治區呼倫貝爾東烏珠爾出土。內蒙古自治區第三次全國文物普查領導小組辦公室，2011年，頁84。

三、考古出土與傳世的朝冠頂裝飾風格

目前已公開考古發掘出土朝冠頂案例數量較遜於吉服冠頂，目前僅能初步分成第一型座底帶繫孔、第二型不帶繫孔兩型，再各自依其紋樣特徵向下分式，以下分述。

〔註21〕內蒙古自治區第三次全國文物普查領導小組辦公室，《內蒙古自治區第三次全國文物普查新發現》，北京：文物出版社，2011年1月，頁83～84。
〔註22〕Beverley Jackson & David Hugus, *Ladder to the clouds intrigue and tradition in Chinese Rank*, Berkely, California: Ten speed press, 1988, p270.

（一）第一型——帶繫孔座底

僅一式，見廣東大埔縣清初吳六奇墓出土朝冠頂一件【圖4-3】，該帽頂通高3cm、底徑5.6cm，為銅鎏金材質，頂托花托狀，上飾雲頭紋，托上頂石散佚。頂托下接上座托，作果蒂式，為圓瓣形，每瓣呈上下相間。上座托以下為座中，為圓球狀，表面飾以淺浮雕纏枝花紋，並於一側設一圓形嵌槽，槽內嵌石亦散失。座中以下為下座托，形式同上座托。最後為座底，座底為覆花式（約有五瓣），見瓣面飾以淺浮雕雲頭紋及捲雲紋。此外，瓣面交界底部見有重瓣尖端，下有穿孔，應作為綁繫於帽上之用。該朝冠頂出土於壙內墊臺中央，並伴出有朝帶跨。

據發掘報告所描述該墓形制：「地表用三合土壘起有墳，墳前立墓碑，碑前設享堂，享堂前為墓道。墓道兩側立石仲翁（武士）、石馬、石羊、石象和帶龜趺座的豎碑。

【圖4-3】（清順治－康熙）
第一型朝冠頂座

（廣東大浦縣清初吳六奇墓出土，引自楊豪，1982年，圖一）

墓的前後立有石牌坊……」〔註23〕此外，該文亦提到前端牌坊題有「欽定駐廣東饒平等處地方援剿無分疆界兩賜蟒玉少傅兼太子太傅掛印總兵官左都督誥贈特進榮祿大夫少師太子太師欽賜祭葬御制碑文賜諡順恪崇祀名宦鄉賢吳六奇御葬」，其頭銜可證明該墓屬於一品高級官員墓葬，並由朝廷欽賜。

吳少奇原歸附明桂王朱由榔為總兵，後於順治七年（1650）降清，墓壙中亦置有諭祭墓誌銘一方，文中記有「康熙六年（1667）七月十四日」，可做為朝冠頂的使用下限年代，屬於清代早期（順治－康熙年）朝冠頂之形制。

（二）第二型——不帶繫孔座底

第二型頂座樣式更為矯飾，除了覆蓮瓣面尖端翻起的角度加大而形成彎鉤狀如涼亭簷尾一般，其可下分 I、II 兩式：

1.I式見國立故宮博物院藏文武一品、鎮國將軍、郡主額駙及子用紅寶石

〔註23〕楊豪，〈清初吳六奇墓及其殉葬遺物〉，《文物》，1982年第2期，頁39。

朝冠頂【表 4-7】，[註 24] 通高 11.5cm、寬 4.3cm，為銅或銀鎏金質，[註 25] 表面並飾有點翠。該冠頂頂托作花托狀，上飾兩層葉紋，托上頂石為花苞狀紅色尖晶石。頂托下接上座托，作仰覆兩重菊瓣合一，呈果蒂式，中間束頸為纍絲花朵紋。上座托以下為座中，為圓球狀，表面飾以淺浮雕纏枝花紋，並於一側設一圓形嵌槽，周圍亦飾有一圈纍絲菊瓣紋，槽內嵌一珍珠。座中以下為下座托，形式同上座托。最後為座底，座底作五瓣覆蓮瓣式，花瓣尖端上翹，瓣面飾以淺浮雕纏織蓮花紋，並見底座下露出一段座柱螺桿。此外，瓣面交界處重瓣呈稜脊狀，稜脊上端作一錐突起、下端為翹起尖瓣，整體使座底出現兩層錐狀裝飾。瓣紋以下斂收，見有象鼻穿孔，座底以下見有一段座柱螺桿貫穿全器突出。該帽頂并附有墨書：「乾隆五十三年（1788）二月十五日收崇文門呈」之黃籤，可做為其製作與使用時間。

【表 4-7】第二型朝冠頂座形制分類表

第二型		
I 式	II 式	III 式
清乾隆，文武一品朝冠頂，國立故宮博物院藏（左圖引自國立故宮博物院，1986 年，圖版 18；右圖引自陳夏生，1984 年，頁 52）	清末，銀鎏金朝冠頂，上海市天鑰橋路清代墓出土（引自上海市文物管理委員會，2003 年，圖版六）	清末，潘祖年朝冠頂（引自蘇州博物館，2003 年，頁 53～54）

[註 24] 該帽頂原有兩件，樣式一致，本文採用國立故宮博物院於 2012 年舉辦「皇家風尚──清代宮廷與西方貴族珠寶特展」所展示的文物為主。引自國立故宮博物院，《皇家風尚──清代宮廷與西方貴族珠寶》，頁 51。（圖版 I-1-19）

[註 25] 關於頂座材質，根據《皇家風尚──清代宮廷與西方貴族珠寶》圖錄所註明其為銅鎏金材質，但在圖版說明另有提到黃籤亦書有：「覽銀鍍金鑲紅寶石朝帽頂二箇」。故筆者對該帽頂頂座基底材質採取保留態度，待未來能有更科學的成份檢測分析方得論定。引自國立故宮博物院，《皇家風尚──清代宮廷與西方貴族珠寶》，頁 457。

　　2. II 式見 1997 年於上海市天鑰橋路清代墓出土的銀鎏金朝冠頂（M2：5）【表 4-7】，全器通高 14.6cm，該冠頂頂托作花托狀，上飾葉紋，托上嵌以六稜角柱狀粉紅色料石（應為玻璃）。頂托下接上座托，作仰覆如意紋，中間束頸。上座托以下為座中，為圓球狀，表面飾以鏤空花鳥紋，並於一側設一圓形嵌槽，槽內嵌一珍珠。座中以下為下座托，形式同上座托。最後為座底，座底為五瓣式，瓣面壓印有展翅鳳紋，瓣面飾以淺浮雕捲葉紋。瓣面間作稜脊狀，並於底端上翹成倒鉤形。據發掘報告所述，該帽頂以金屬管貫穿，管內見有金屬絲彎曲固定。值得一提的是，底作見有「方九霞」字樣之店款戳記，經發掘者查證，方九霞為上海市區的銀樓店號，為大陸地區考古出土清代帽頂中的罕見案例。〔註 26〕

　　該墓伴出有朝珠、帶扣、聖像配飾、銀帽飾及十字架念珠等物，其中銀帽飾亦見有「甲寶成足赤福」之戳記，為十九世紀末上海市區之銀樓銀號。結合上述之訊息，可之墓主應為官僚階層，並信奉天主教，透過冠頂店號款的資訊，得知其大致使用年代為清末民初時期。

　　3. III 式頂座弧度較前兩式為平緩，雖仍保留覆蓮瓣的佈局，但尖端未採用高翹之錐角裝飾，僅作乳突狀。以 2000 年出土自蘇州盤門清末潘祖年墓之朝冠頂為例【表 4-7】，頂座為銅鎏金質，通高 12.5cm，該冠頂頂托作花托狀，作鳳眼狀葉紋，托上嵌以六稜角柱狀藍色料石（應為玻璃）。頂托下接上座托，作仰覆壓印紋合一，中間束高頸。上座托以下為座中，為圓球狀，表面飾以壓印纏枝蓮花紋，並於一側設一圓形嵌槽，槽內寶石散一。座中以下為下座托，形式同上座托。最後為座底，座底為五瓣式，瓣面飾有壓印十字紋與

〔註 26〕該墓發掘簡報中 M1 墓亦出有朝冠頂，但未發表其圖版影像，故無法採用。此外，關於 M2 墓主之性別，作者提及經過上海自然博物館黃象洪鑒定後，確認為女性墓葬，但從出土的陪葬品來看，似乎未見有任何女性專用之陪葬品如髮簪或珠翠等，反而出土應屬男性服飾配件的帶扣。雖然清代滿族官夫人在服制上可隨夫品秩配戴朝冠頂，且女性朝冠上會同時配有金簪，而大多漢籍官員夫人冠飾仍採取鳳冠作為裝飾。直至目前考古資料中，未見有朝冠頂出現於女性官員或命婦墓葬的案例。此外，M2 為單人墓葬，雖出土配葬品與 M1 多有雷同，推測有親屬關係，但與 M1 並無直接的夫妻關係，礙於未發現墓碑或墓誌等遺物，我們對墓主的背景所知有限。故 M2 墓主是否真為女性，筆者採取保留態度，但若按照清代服制的角度出發，官員的朝冠頂（一品至九品官員）本就男女通用，因此決定納入文章節的分類中。見上海市文物管理委員會，〈上海市天鑰橋路清代墓葬發掘簡報〉，《東南文化》，2003 年第 1 期，頁 34～37。

捲雲紋，瓣面飾以淺浮雕捲葉紋，其底端皆作乳狀突起，座底以下見有一段座柱螺桿貫穿全器突出。

該墓亦伴出兩張名片，其指名墓主為潘祖年，且棺木外銘有：「雲南司郎中福建監運使南顯子巷仲午太府」，更表明其官階應為三品頭銜。該發掘報告更引用《潘氏族譜》得知，潘祖年生於同治九年（1870），卒於民國十四年（1925），曾蒙賞兵部候補郎中、武庫司兼武選司行走選補、刑部雲南司郎中兼福建司行走、記名凡缺知府欽加監運使銜、賞戴花翎加四級等殊榮，〔註27〕其中賞戴花翎亦能與墓中伴出的翡翠翎管有所呼應。故透過墓主家譜及墓葬出土的文字資料，得知該件朝冠頂為清末（光緒至宣統）之樣式。

（三）試析康熙－雍正時期朝冠頂樣式

現有朝冠頂樣式年代最早者為順治朝至康熙初期，其次為乾隆朝的朝冠頂，然而康熙朝與雍正朝之朝冠頂樣式資料目前處於斷層。若透過風格分析的角度觀察，順治朝朝冠頂發展至乾隆朝，其頂座由帶繫孔逐漸趨向無繫孔者。此外，頂座之覆蓮瓣裝飾亦趨向立體化，出現翹首燕尾的特徵。

目前北京市海淀博物館藏的一件金質朝冠頂座或許可做此一過渡發展的參考〔註28〕【圖4-4】，該帽頂於1986年自北京市海淀區大柳樹地區出土，通高8cm、底徑4.4cm。〔註29〕頂托作花托狀，上飾兩層鳶尾花紋，托上頂石散佚。頂托下接上座托，作仰覆心形瓣合一，呈果蒂式，中束有聯珠紋箍圈。上座托以下為座中，為圓球狀，表面飾以淺浮雕纏枝花紋，並於一側設一圓形嵌槽，周圍亦飾有一圈聯珠紋，槽內嵌石亦散失。座中以下為下座托，形式同上座托。最後為座底，座底為覆蓮瓣式（約有五瓣），花瓣尖端微微上翹，瓣面飾以淺浮雕捲葉紋。此外，瓣面交界底部重瓣亦趨為立體，呈稜脊狀上翹，重瓣底端有象鼻穿孔，應作為綁繫於帽上之用，座底邊緣亦飾有聯珠紋。

〔註27〕蘇州博物館，〈蘇州盤門清代墓葬發掘簡報〉，《東南文化》，2003年第9期，頁53～54。

〔註28〕該件帽頂雖有出土地點，但未見有詳細的發掘資料，僅發表於館方展示圖錄當中。

〔註29〕焦晉林，《丹稜擷貝——京西出土文物品鑒》，北京：學苑出版社，2010年1月，頁140。

【圖 4-4】雕蓮瓣紋金帽頂（正、背）

（北京市海淀區大柳樹地區出土，帽頂正面引自焦晉林，2010 年，頁 139；背面引自北京市海淀區博物館，2005 年，圖版 57）

四、小結

　　綜觀中國現有發掘出土的頂戴案例，雖然筆數零星有限，不排除還有其它裝飾風格存在，但因為出土或傳世脈絡不全，故現階段無法納入本文討論，但吾人仍大致可以發現幾點現象。首先在吉服冠頂金屬頂座的裝飾紋樣上（詳見【表 4-8】），以花瓣型紋飾年代較早，發展時間也較長，其工藝形式包含第一類第一型及第二類第一型之菊瓣紋樣式，可從乾隆年間一直延續至同治時期，乾隆年間亦同時流行層疊如意雲頭紋樣，兩者皆屬於多重的瓣紋佈局，另外一種減地紋型的裝飾紋樣大約在道光年間已可見到〔註30〕。至光緒時期，第二類第二型之花蕾型頂座大量流行，所見內蒙古、北京、福建甚至臺灣等地皆有傳世與出土案例，分布廣泛。

〔註30〕目前中國考古出土之道光年間之主地紋頂座採用較前期的對拴式拴合結構，但筆者觀察私人收藏清代吉服冠頂中，亦發現有主地紋頂座使用清代晚期流行的套拴式拴合結構，故不排除此紋飾風格持續發展至清末。

【表 4-8】清宮傳世及中國地區考古出土吉服冠頂風格年代序列表

朝代 紋樣	乾隆	嘉慶	道光	咸豐	同治	光緒
花瓣型	清乾隆，二品起花珊瑚吉服冠頂，國立故宮博物院藏。	頂戴，北京朝陽區奧運一期工程 M20 出土（M20：4）。	銅帽頂，天津薊縣上寶塔清代墓地 M210 出土（M210：2）。	清咸豐，銀鍍金緝米珠萬服便頂，國立故宮博物院藏。	清同治，紅色玻璃吉服冠頂，國立故宮博物院藏。	
	銅頂戴，北京朝陽區奧運一期工程 M32 出土（M32：8）。			清咸豐，紅色玻璃吉服冠頂（故雜5980），國立故宮博物院藏。	清同治，芙蓉石吉服冠頂，國立故宮博物院藏。	
如意紋型	清乾隆，一品吉服冠頂，國立故宮博物院藏。					
	銅帽頂，北京房山六間房墓葬 M1 出土（M1：1）。					

減地紋型	銅帽頂，天津薊縣上寶塔清代墓M203出土（M203：2）。藍色料石帽頂，北京魯谷金代呂氏家族墓M16出土（M16：5）。	- - - - - - - -
花蕾型		五品吉服冠頂，北京朝陽區奧運一期工程M21出土（M21：2）。
1. 表格為筆者自行製作。2. 紅色虛線為持續發展線。		

　　或許受到清初官員涼帽作「菊花頂」之傳統（見第參章第一節，頁36）「花瓣紋」持續做為官廷及民間官員吉服冠頂座裝飾的主要裝飾紋樣，又

以纍絲技法相較模鑄更能顯現細密繁複的視覺感。以菊瓣紋為例，第一類第一型之乳突狀及尖瓣菊紋僅以淺浮雕的形式表現，透過瓣尖的乳突或上下瓣交疊達到隱約層疊的效果。而第二類第一型之纍絲菊瓣紋樣則以一圈菊瓣為一層並作三層疊套，使菊瓣紋飾更加立體分明。

廣東吳六奇墓出土的帽頂為朝冠頂，年代為順治－康熙時期，可做為清代入關以來帽頂的最早形式，其可能承襲自如北京董四村墓出土的晚明塔柱狀帽頂樣式，且皆帶繫孔。此外，吳六奇墓的朝冠頂可以看到順治以來所設定一個基本佈局方式，其中座底蓮瓣紋從早期的蓮瓣紋中填滿莨苕捲雲等紋樣風格，進一步發展出了開光的概念，即蓮瓣紋框格裡放入特定的母題圖像，如鳳鳥紋、十字紋、雜寶紋等。同時，座底瓣面紋飾之間的稜角日趨立體化，除了於末端翹起外，亦有直接形成椎角狀裝飾者。

在固定方法上，清代初期朝冠頂保留金元明以來帽頂採用穿孔縫綴的使用傳統，至乾隆朝已可見到其發展出以螺絲進行栓夾固定，此一結構並沿用至清末，但這是否意味縫綴固定法已全然鄙棄不用，由於現有明確時間脈絡的帽頂案例有限，尚無法確知，其可能涉及到不同工匠的製作傳統與技術，故需更多有力的傳世與考古資料才能更進一步疏理。

透過上述梳理可知，清代頂制中所謂的「鏤花金座」，若回溯清代以前各式帽頂的頂座造形，皆以蓮瓣、花葉紋作為裝飾元素。清代早期吉服冠頂延續以花瓣做為裝飾的理念，的確以各式菊瓣紋作為頂座造形紋樣。大約至道光朝以降，「花」的詮釋則更加多樣化，逐漸轉變成「花樣」、「花紋」與「圖案」的概念，才出現了減地雜寶紋、堆疊花蕾紋等裝飾母題。

第伍章　臺灣本地考古與傳世官帽與頂戴

一、來源說明

　　經過先前針對清代頂制的發展與特徵進行完整的梳理後，本章節將回頭檢視臺灣本地現有的清代頂戴與官帽文物案例，其來源主要出自於清代墓葬發掘、家族傳世與地方博物館所典藏之文物。

（一）清代墓葬發掘出土頂戴案例

　　本次論文所獲得的考古出土頂戴案例共有兩筆，皆位於臺南市地區，分別為水交社前清墓葬群遺址與南區張虞廷墓，以下針對其背景進行分述：

1. 臺南市水交社前清墓葬群遺址

　　臺南市水交社前清墓葬群遺址出土的吉服冠頂（UT-0021）一件，是國內首次以考古學方法所採集的帽頂實物案例。該文物發現於 SJS-A-B50 墓底部一端【圖 5-1】，為豎穴埋葬，按發掘紀錄可知其出土時：「僅存三合土外槨部分結構，槨頂與南側外槨結構毀損，內棺形制不詳，僅存棺釘。」【圖 5-2】此外墓主骨骼「嚴重殘缺僅存少數碎骨」。雖然墓葬在出土前已遭受破壞，且未見墓碑，但發掘過程中亦伴出道光朝銅錢，可做為此墓葬層位與年代的參考依據。

2. 臺南市南區張虞廷墓

　　該例為墓葬搶救文物，原址墓葬結構因為私人整地工程而破壞殆盡【圖 5-3】，故無法取得墓葬結構資料，僅留下墓主遺物與墓碑、拜桌等零星石質

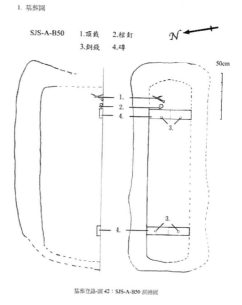

【圖 5-1】帽頂出土實況

（照片由國立臺南藝術大學藝術史學系提供）

【圖 5-2】SJS-A-B50 墓葬測繪圖

（引自盧泰康、李匡悌，2009 年，頁 68）

【圖 5-3】
張虞廷墓舊址

（原有一大墓塚，現已剷平殆盡，筆者攝於 2011 年
3 月 21 日）

【圖 5-4】
張虞廷墓碑拓本

（原碑現藏於國立臺南
藝術大學藝術史學系，筆
者拓印）

墓葬構件，其中發現吉服冠頂與朝冠頂各一件。出土墓碑【圖 5-4】碑額刻有墓主堂號為「晉江」，可知墓主祖籍為福建泉州地區，中款刻其名諱「皇清誥授朝議大夫賞換花翎張虞廷瑩」，其中「朝議大夫」為秩正從四品文官頭銜。上款則見有墓葬時間「光緒甲午年置」，亦並於下款列出墓主子孫名諱。〔註 1〕墓碑文字顯示此墓葬建於 1895 年，為臺島於清帝國統治的最後一個年頭，亦事逢中日交戰的危機時刻。

（二）歷史傳世頂戴與官帽案例

目前無法確知全臺實際留存具有歷史脈絡的官帽與頂戴數量，仍需日後進行更全面的普查。本次論文透過田野調查所得傳世官帽與頂戴案例共有兩例，分別為南投埔里北路屯千總潘踏比厘、屏東六堆客家進士江昶榮，另一例則屬博物館圖錄出版資料，為新竹李錫金家族傳世文物，以下分述：

1. 南投埔里北路屯千總潘踏比厘

其留有傳世吉服冠頂一件，現由潘家後人收藏，除頂戴以外，亦有補褂、馬褂等隨身佩件。潘踏比厘〔註 2〕為清代埔里烏牛欄社巴宰族（Pazeh）人【圖 5-5】，於光緒十二年（1886）由蘇阿北屯〔註 3〕把總擢升北路屯千總〔註 4〕【圖 5-6】。

屯千總一職源於清代臺灣屯防制度，於乾隆五十五年（1790）創立，福康安鑒於平定林爽文之亂時受到番民的協助，奏請朝廷仿效四川屯練制度，對

〔註 1〕目前尚無法得知墓主具體的身分背景及該家族的相關文獻資料，若透過碑中的子孫名諱搜尋，與其孫張福全同名諱者亦出現於臺南市祀典武廟正殿兩柱木對聯上，上聯為「大與九陰陽合撰全勇全智全仁思乃為真豪傑」，句末屬「光緒昭陽大荒落季夏之月上弦」；下聯為「和而介情性無偏不淫不移不屈此之謂大丈夫」，句末題「弟子張福全、張紹德」併兩方篆文印「五世其昌」、「鑑湖人氏」。但離奇的是，其中鑑湖屬福建漳州地區，而與墓碑中的晉江則屬福建泉州地區，兩者雖時代一致，但堂號出身似乎有所出入，故無法確認兩者是否為同一人，在此附註。

〔註 2〕「踏比厘」的名字原為平埔族語音譯，故亦有「潘踏此鼇」、「潘踏必厘」、「潘打比里」等稱呼。鄭喜夫，〈清代臺灣「番屯」考（上）〉，《臺灣文獻》，1977 年 6 月，頁 67。《淡新檔案》編號：TH 17430_026_00_00_1、TH 17430_026_00_00_2，國立臺灣大學圖書館藏。

〔註 3〕即潘踏比厘任把總職時，總管淡水廳之蘇薯大屯、彰化縣之阿里史小屯與北投小屯等番社屯防，約今中彰投地區，原蘇薯大屯外委後陞把總，再陞北路九屯千總。鄭喜夫，〈清代臺灣「番屯」考（上）〉，頁 67。

〔註 4〕關於潘踏比厘陞補千總一事，詳見《淡新檔案》編號：TH 17430_026_00_00_1、TH 17430_026_00_00_2，國立臺灣大學圖書館藏。

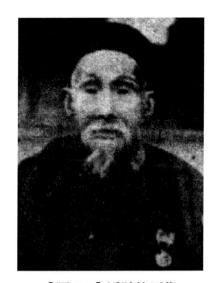

【圖 5-5】潘踏比厘像

（引自鷹取田一郎，2009 年，頁 220）

驗前來現經署戢嘉穀會同署戢祖蔭查明向
章考拟得蘇阿北屯把總潘踏比厘一員技藝中的年
力精壯又兼拔補屯弁多年屯務熟悉例應陞
補北路屯千總弁缺除飭取履歷供結並把總出缺
應由各屯外委挑選容俟擬拔另行備文詳送計繳蘇
阿北屯把總原領鈐記一顆外理合將考驗緣由暨合加空
白印結聯銜具文詳送察核俯賜考驗拔補陞頒發鈐
記承領寔為公便等情據此除批候考驗拔補發給鈐
記暨分別移行外合行札知札到該縣即便知照毋違此札

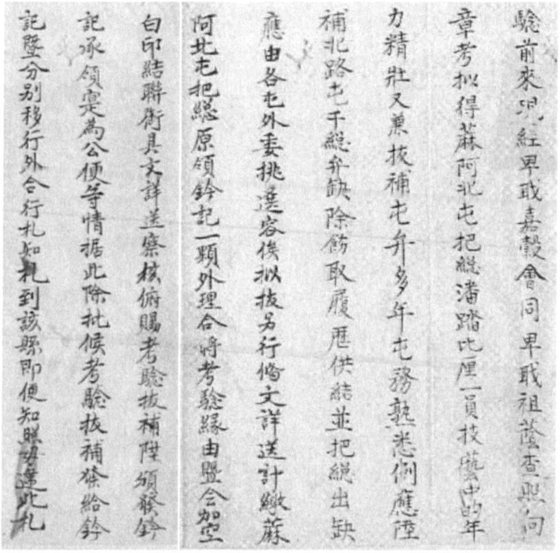

【圖 5-6】潘踏比厘陞補北路屯千總事由

（引自《淡新檔案》編號：TH 17430_026_00_00_1、TH 17430_026_00_00_2，國立臺灣大學圖書館藏）

臺灣已歸化原住民採取以番治番的政治手段，將番社設大小屯，並從番丁中挑選力壯者為屯丁，除免除屯丁徭役外，亦給予田畝使其自給自足，若遇事時即可隨時聽候調遣。〔註 5〕

此外，屯丁之上設有屯弁，從中揀選番社悅服之人為千總、把總、外委等職，凡遇出缺時，從下一級弁兵中挑選陞補，其職責為平時巡防，有戰事則奉命出征。一切點驗兵丁及弁員把補之事由臺灣總兵與臺灣道辦理。〔註 6〕此法企圖有效管理歸化清廷的原住民番社，並保障其生活空間不被漢人惡意侵占。至嘉慶十五年（1810）因屯務廢弛，屯弁瀆職，為刷新屯務，閩浙總督方維甸命將拔補過程改正為由理番同知會同廳同知或知縣加以考驗，次送總鎮、臺灣道驗補。〔註 7〕

〔註 5〕洪敏麟，《臺灣土著歷代治理》，臺北：東方文化，1976 年，頁 55、56。

〔註 6〕連橫，《臺灣通史》，臺北：眾文圖書，1979 年 8 月，頁 354。亦同時參考臺中縣立文化中心「臺灣中部平埔族古文書數位典藏網站」，古文書常用重要術語：62.竹塹屯、179.屯弁條。http://ca.tchcc.gov.tw/pingpu/pn6.htm（2014 年 8 月 14 日點閱）

〔註 7〕引自臺中縣立文化中心「臺灣中部平埔族古文書數位典藏網站」，古文書常用重要術語：179.屯弁條。http://ca.tchcc.gov.tw/pingpu/pn6.htm（2014 年 8 月 14 日點閱）

　　臺灣番社屯防事務主由臺灣鎮總兵管轄，下設南北兩路千總（共二員，各掌一路屯務），南路千總下轄一大屯、二小屯；北路千總下轄三大屯、六小屯，為番屯中最高級武職官員（秩正六品），其中北路千總負責淡水廳、彰化縣、嘉義縣各番屯之軍事人力遣調。各大屯下設有把總一員（北路三員〔註8〕、南路一員，共四員，秩正七品），每一大屯或一小屯設一外委（共十二員，秩從九品）。

　　然而，1895 年清廷戰敗，中日簽訂《馬關條約》，日本帝國正式接收臺灣，並於八月攻克八卦山。唐景崧、劉永福等勢力節節敗退，埔里盆地地區的平埔族與漢人等眼見臺灣民主國無望，為防生番勢力及亂民宵小伺機跋扈，故決定引領日軍進駐鎮守。北港溪隘勇線管帶林榮泰因此結交潘踏比厘等眾平埔族首領及漢人士紳，聯名向日軍遞交請願書，其中潘踏比厘即負責親自前往彰化與日軍交涉，〔註9〕明治二十九年（1896）七月又協助日軍攻克大浦城之役，日後受到臺灣總督府的多次褒獎，其中明治三十年（1897）四月授予紳章〔註10〕。

2. 屏東六堆客家進士江昶榮

　　第二例為屏東縣六堆客家進士江昶榮之遺物，其中留有冬吉服冠、夏行服冠及帽箱三件一套文物。江昶榮原名江上蓉，字樹君，號春舫，祖籍廣東。道光二十一年（1841）生於屏東縣內埔鄉竹圍村，於光緒二十一年（1895）逝世，享年55歲。〔註11〕江氏生前詩作豐富，於光緒九年（1883）參加癸未科殿試，登進士三甲137名，據《清德宗實錄》（卷一百六十三）記載：「光緒

〔註 8〕北路把總分為三區（各一員）：北區下轄竹塹大屯、日北小屯、武勝灣小屯（今北桃竹苗）；中區下轄蔴薯大屯、阿里史小屯、北投小屯（今中彰投）；南區下轄東螺大屯、蕭壠小屯、柴裡小屯（今雲嘉至麻豆佳里一帶），其中南區至光緒八年劃歸南路屯千總管轄。鄭喜夫，〈清代臺灣「番屯」考（下）〉，《臺灣文獻》，1977 年 6 月，頁 65。洪敏麟，《臺灣土著歷代治理》，頁 65。

〔註 9〕劉萬枝，《南投文獻叢刊（七）南投革命志稿》，南投：南投縣文獻委員會，1959 年 6 月 30 日，頁 73～75。劉文亦載於王學新，《埔里社退城日誌暨總督府公文類纂鄉關史料彙編》，南投：國史館臺灣文獻館，2004 年 12 月，頁 325～327。

〔註 10〕同年十月擢用埔里社辦務署參事、三十三年轉任南投辦務署、三十四年拜命南投廳參事。引自鷹取田一郎，《臺灣列紳傳》，桃園：華夏書坊，2009 年 6 月，頁 220。劉萬枝，〈南投縣人物志稿〉，《南投縣志稿（十一）》，南投：南投縣文獻委員會，1962 年 6 月，頁 72～73。

〔註 11〕興建江進士詩碑籌備會，《江進士碑落成紀念專刊》，屏東：內埔鄉公所，1971 年 5 月，頁 5。

九年癸未五月。庚辰朔……江昶榮……段鱗、崔增瑞、蓋天佑、李九江。俱著交吏部掣籤分發各省，以知縣（正七品）即用。」〔註12〕

　　江氏中舉後即被清廷委派至四川擔任知縣，〔註13〕但天有不測風雨，光緒十年（1884）中法戰爭爆發，臺灣海峽行船不通，江昶榮無法及時到任，被朝廷誤認為「抗命」，因而革職。直至清光緒二十年（1894）9月14日福建臺灣巡撫邵友濂向朝廷上奏：「為開復四川即用知縣（秩正七品）江昶榮以無力晉引，情願改就教職歸部詮選用。」〔註14〕，可知邵氏針對江氏無法到任之事，曾向朝廷提議以任教職的方式將功折罪。

　　之後江氏亦書有〈聞開復原官將有臺北之行賦〉一首，嘆道：「欲仕年華五十餘，買官富貴豈終虛。宰官逾限登彈簡，大帥憐才上薦書。滿路花香新雨後，長亭柳綠暮春初。宦情我本心懷淡，爭奈天民早自居。」〔註15〕由於江氏42歲才考中進士，至開復之時早已年過知命，因此功名利祿對江昶榮而言更是雲淡風清。江氏之後轉而造福桑梓，從事六堆地區的文教工作，後獲得朝廷欽加五品奉政大夫庶吉士之銜〔註16〕。此外，江氏亦致力地方建設，其中最著名的例子即為中日戰爭之際，主持募捐建造六堆忠義亭，因得後世稱頌。

3. 新竹李錫金家族傳世文物

　　第三例為新竹李錫金家族傳世夏朝冠一頂，現藏於國立臺灣歷史博物館。李錫金，字謙光，原為福建泉州晉江人，於十四歲移民竹塹（今新竹），初來臺島於某商家當伙計，曾為修父母墳塚向雇主請求預給五年薪資，故為人所稱道。〔註17〕嘉慶十七年（1812）於竹塹城米市街開張李陵茂號商店，自此

〔註12〕《清實錄（五四）》，〈清德宗景皇帝實錄（三）〉，北京：中華書局，1987年5月，頁289。
〔註13〕邱春美，《六堆客家文學古典研究》，輔仁大學中國文學研究所博士論文，2005年1月，頁240。
〔註14〕索引自「中央研究院暨國立故宮博物院：明清與民國檔案跨資料庫檢索平臺」：http://archive.ihp.sinica.edu.tw/mctkm2c/archive/archivekm?00016CFAC5EE010100000000000100A000000001000000000^，點閱日期：2013年7月15日。
〔註15〕興建江進士詩碑籌備會，《江進士碑落成紀念專刊》，屏東：內埔鄉公所，1971年5月，頁15。
〔註16〕劉兼善，〈清進士江昶榮鄉賢記〉，《江進士碑落成紀念專刊》，屏東：內埔鄉公所，1971年5月，頁2。陳韻棟，〈命運多揣的六堆客屬進士江昶榮〉，《中原》，1976年9月，第151期，頁10。
〔註17〕（清）陳培桂，《淡水廳志》（《臺灣文獻叢刊》第一輯18），臺北：大通書局，1984年，頁450。

家運昌隆，資產累積日增。後於同治四年（1865）逝世，至光緒六年（1880）由福建巡撫勒方錡向朝廷題請旌表，入祀孝悌祠，光緒八年（1882）更於新竹北門外湳仔莊為李氏興建孝子方以示褒獎。〔註18〕

　　李氏生前育有十子，其中長子聯超，附貢生，旌表孝友；三子聯芳，附貢生，五品銜；四子聯春，監生，候選縣丞；五子聯英，提舉銜，候選州同；八子聯選，監生，州同銜；十子聯萼，增貢生，候選詹事府主簿。孫有十六人，其中祖恩，例貢生；祖琛，監生；祖訓，歲貢生，署臺灣府訓導；祖澤，優稟生；祖惠、祖詒，監生；祖述，歲貢生；祖詰，例貢生；祖模，附生。〔註19〕故該朝冠應可能為李錫金子孫其中一人所有，年代屬清中晚期。

二、吉服、行服冠

（一）考古出土吉、行服冠案例

1. 水交社出土吉服冠頂

　　此件六品涅玻璃吉服冠頂（出土編號：UT-0021）【圖 5-7】通高 5.8 公分、寬 4 公分。全器主要可分成頂座與頂珠兩個部分，頂座為銅質鎏金，共可分四個部位，即座柱螺絲、座托、座底與座底螺絲。座柱螺絲呈公螺絲狀，其

【圖 5-7】白色涅玻璃吉服冠頂

（臺南市水交社墓葬群遺址出土，現暫存國立臺南藝術大學
藝術史學系，筆者自攝）

〔註18〕連橫，《臺灣通史》（《臺灣文獻叢刊》第一輯 19～20），臺北：大通書局，1984
　　　　年，頁 995。

〔註19〕（清）陳朝龍，《新竹縣采訪冊》（《清代臺灣方志彙刊》第三十五冊），臺南：
　　　　國立臺南歷史博物館，2011 年 10 月 30 日，頁 518。

頭部一端可見陰刻團壽紋；座托外側飾有鏤空與陰刻紋樣；座底則是以淺浮雕減地雜寶紋，可見紋飾主要由彩帶串起蝙蝠、飛蛾、如意、蟠桃等母題；座底螺絲呈短倒 T 型螺栓，其頭部一端邊緣作菊瓣樣式。

座托與座底一體成形，並上下銜接座柱螺絲與座底螺絲【圖 5-8】。而頂珠出土時已經碎裂，珠體經修護黏合後〔註20〕呈寬圓形、內部中空，表面呈白色，並見明顯的橫向紋路。

關於頂珠具體材質，經螢光光譜檢測後，測得鉀（K）、鈣（Ca）、鐵（Fe）、砷（As）等元素之 Kα 譜線，確認為鉀鈣作基底，並以砷作白之玻璃材質。〔註21〕值得一提的是，此件頂戴出土時已不見官帽，但在頂戴座栓部位發現沾附有些許織品與纖維殘屑，可知當時頂戴入土時即與官帽拴合在一起。

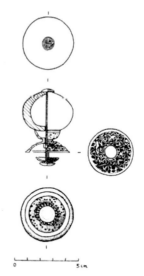

【圖 5-8】
白色涅玻璃
吉服冠頂測繪圖

（筆者繪製）

2. 臺南市張虞廷墓出土

該件帽頂（研究編號：JYT-01）通高 5.8 公分、寬 4 公分，主要可分成頂座與頂珠兩個部分【圖 5-9】，頂珠呈不透明藍色，故為四品文武官員品秩之藍色涅玻璃吉服冠頂，可呼應墓主於墓碑上的官銜。頂座出土時保存狀況較差，座托與座底一同包覆於綠色銅鏽中，鏽層中見夾雜些許鎏金斑點，較不易辨識具體裝飾紋樣，但可知頂座應為銅鎏金材質。此外，座底處銅鏽見沾附有織品痕跡，故顯示此件頂戴陪葬時應置於官帽上。可惜此件文物出土時遭受人為的破壞，〔註22〕頂珠碎成三塊，經黏合後可知原貌為束圓形。透過碎塊斷面可見頂珠為白色玻璃胎料外覆藍色玻璃料，故呈現完全不透明的視覺感。座柱螺絲與座底螺絲均已散失，致使頂座與頂珠無法接合。

〔註20〕該文物修護為筆者執行，由國立故宮博物院登錄保存處副研究員王竹平女士指導，詳見：王竹平，〈臺南水交社墓葬群出土金屬遺物的修護──以清代官帽頂飾與古錢幣為例〉，《臺灣文化資產中的出土文物研究與修護》，臺南：國立臺南藝術大學藝術史學系，2014 年 5 月，頁 48～59。

〔註21〕關於頂珠成分檢測之結果，詳見王竹平，〈臺南水交社墓葬群出土金屬遺物的修護──以清代官帽頂飾與古錢幣為例〉，《臺灣文化資產中的出土文物研究與修護》，臺南：國立臺南藝術大學藝術史學系，2014 年 5 月，頁 60～61。

〔註22〕見附件三-1，Q8。

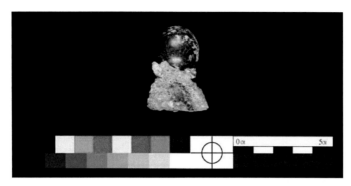

【圖5-9】（清光緒）藍色涅玻璃吉服冠頂

（臺南市南區張虞廷墓出土，國立臺南藝術大學藝術史學系
藏，筆者自攝）

　　該頂戴之頂座經過國立故宮博物院王竹平女士進行 X 光攝影檢視【圖
5-10】，透過 X 光影像顯示，頂座部位可見明顯纍絲圓圈排列堆疊的特徵，故
得知其應為纍絲花蕾式頂座，此為中國清代墓葬出土相同的纍絲花蕾式頂座
提供較為精確的訂年依據。

（二）歷史傳世吉、行服冠案例

1. 埔里潘踏比厘傳世帽頂

　　該件六品吉服冠頂（研究編號：PTBL-01）通高 5.2 公分、寬 2.6 公分（詳
見附件），可分成頂珠與頂座兩個部分【圖 5-11】。頂珠呈不透明白色，作束

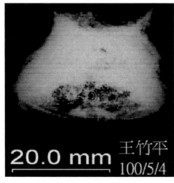

【圖5-10】藍色涅玻璃吉服冠頂
頂座透過 X-Ray 影像拍攝

（可見下方明顯有佈滿花蕾之特徵，該
圖由國立故宮博物院錄保存處副研究
員王竹平女士拍攝提供，在此致謝）

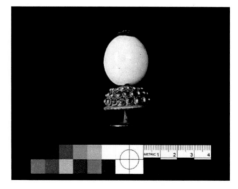

【圖5-11】（清光緒）
六品白色涅玻璃吉服冠頂

（原件文物由潘怡宏先生提供，筆者自
攝）

圓形，可惜物主先前失手摔到有破裂，故可從破裂處得知頂珠內部中空，珠面帶有光澤且隱約可見橫向平行紋路。若用手持式電子放大鏡，可見頂珠內部有氣泡，應為玻璃材質製品，屬文獻中白色涅玻璃之特徵。

頂座保存狀況穩定，作銅胎鎏金，除座托佚失外，座柱螺絲、座底與座底螺絲皆完整保留，透過頂珠破裂處亦觀察到頂珠的固定方式，為座柱螺絲貫穿頂珠並直接栓入座底螺絲內【圖 5-12】，此一現象提供我們明確認識該類型頂戴的拴合方式。在裝飾上，座底與座軸螺帽為纍絲花蕾式，每朵花蕾中央皆焊有銅珠，頂座底圈與纍絲接合處內側見有明顯焊接痕跡。此外，座栓底部圓片見鏨刻有「元福老店」字樣，應為店號款。

2. 屏東江昶榮進士傳世文物

（1）江昶榮進士傳世夏行服冠（研究編號：JCR-01），整體保存狀況完整，通高 17 公分、寬 30.2 公分。帽胎以藤草編織，特徵作尖頂闊襜形式【圖 5-13】，呈圓錐狀；帽胎內側縫有紅色布質帽圈，以方便穿戴於頭頂。此外，帽圈兩端見有縫線痕跡，推測原綴有繫帶。帽胎上覆有紅色帽纓，纓毛略呈波浪狀，纓長過襜。纓首原縫綴有絨質提環可固定頂戴，但一端已斷裂，故隨長纓垂落於帽胎上。

【圖 5-12】
六品白色
涅玻璃吉服
冠頂測繪圖

（可見座軸為
座柱螺絲與座
底螺絲拴合而
成，筆者繪製）

【圖 5-13】五品夏行服冠

（江昶榮進士遺物，右圖為帽頂局部放大，文物由溫蘭英女士提供，筆者自攝）

纓上即為頂戴，頂珠外形成束圓狀，作透明實心狀並帶有穿孔，推測為水晶或玻璃材質，屬文武六品官員頂制，頂座則皆為纍絲花蕾紋裝飾。透過頂珠可見座栓貫穿帽胎、帽纓與頂戴，與座軸交互拴合。頂座為銅質鎏金，座底與座軸螺帽則為纍絲花蕾式，每朵花蕾中央皆嵌有銅珠。座栓底部圓片見鏨刻有「泉記」字樣，應為店號款。

（2）另一件為七品暨進士冬吉服冠（研究編號：JCR-02，亦可能同時作為冬常、行服冠之用），又稱冬帽或煖帽，帽胎保存狀況不佳，見多處破損且有坍塌變形的情況，但大致能辨識其原來形制樣貌，通高約19.5公分、寬約23.2公分。帽胎特徵作圓頂翻檐式【圖5-14】，帽胎外側裹以黑色絲緞，翻檐處內填充有由紙料包裹植物纖維；盔子頂部則內填紙料棉花等。帽胎側則襯以米色棉布，並於頂部見有八道打摺痕呈順時針排列。此外，靠帽檐處兩端見綴有藍色棉質繫帶，但有些許斷裂。

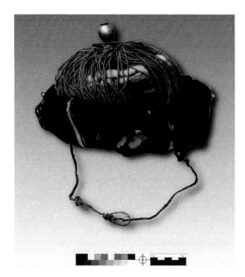

【圖 5-14】七品暨進士冬吉服冠

（江昶榮進士遺物，右圖為帽頂局部放大，文物由溫蘭英女士提供，筆者自攝）

帽胎以上亦覆有紅色棉繩所編織之紅纓，且紅纓月圓處提環亦無斷裂或嚴重耗損，整體保存狀況完整。此帽之冠頂整體形制五品夏行服冠頂一致，僅頂珠為銅胎鎏金，即所謂的「素金頂」，珠呈束圓狀，屬文武七品官員暨進士頂品秩。頂珠內部中空，中間隱約可見範線。其餘頂座樣式皆與夏行服冠頂同，亦為纍絲花蕾裝飾，唯座栓底部圓片鏨刻有「□（疑似「敦」字）記」

字樣，應為店號款，款文名稱與夏行服冠頂相異。

（三）國內典藏單位收藏傳世吉、行服冠文物

　　本次研究亦同時採用國內部分地方文物館藏官帽進行調查與形制考證，主要使用國史館臺灣文獻館、宜蘭國立傳統藝術中心及屏東縣立客家文物館之藏品。此一類型典藏文物雖已脫離其原本所屬歷史脈絡，但物件本身之製作工藝與形制特徵仍可以提供許多重要訊息。此外，筆者亦同時加入國立臺灣大學的一件涼帽進行討論，其為民族學採集之標本，但多年以來尚未有專門的研究認識，藉由此次的研究成果，期許獲得更多的文化訊息，以下個別列述：

1. 南投市國史館臺灣文獻館夏帽

　　南投市國史館臺灣文獻館館藏兩件夏帽與一件帽盒，共三件，以下分述：

　　（1）典藏編號 88-0045-2 原名稱為官帽（研究編號：GSG-01）【圖 5-15】，通高 16cm、帽檐直徑寬 28.8cm。主要可分為三個部分，即頂戴、帽纓與帽胎。通器特徵為帽胎作闊檐斗笠式，為藤草類植物盤織而成，帽胎內部的箍套已佚失。帽胎上方見覆有紅色辮繩所製成的紅纓，兩者由一銅胎鎏金帽頂栓接，故帽胎內側頂部見有銅片栓夾痕跡。頂戴頂座為浮雕覆蓮瓣形壽喜字紋、頂托為仰式尖菊瓣紋、頂珠則為銅胎鎏金，頂戴樣式為清代七品文武官員頂制。若就帽胎材質形制特徵，推測其作為行服配戴之用，應屬文武七品或進士夏行服冠制。

【圖 5-15】官帽（典藏編號 88-0045-2）

（國史館臺灣文獻館典藏，右圖為帽頂局部放大，筆者自攝）

（2）典藏編號96-103原名稱為清代士兵帽（研究編號：GSG-02）【圖5-16】，通高13.5cm、帽檐直徑寬30cm。通器特徵為帽胎亦作闊檐斗笠式，為藤草類植物盤織而成。帽胎上方覆有染色牛尾或馬尾毛製成之紅纓，兩者由一銅胎鎏金帽頂頂座栓接，此頂座不見座托、頂珠與座軸螺絲。帽胎頂部內側可見座栓銅片，帽頂頂座作覆菊瓣樣式，同時可見座底頂部焊有拴合桿。由於不見完整頂戴，不確定使用者階級的情況下，不能貿然認定為官員使用之行服冠，故僅保守定名為羽纓涼帽最為適切。

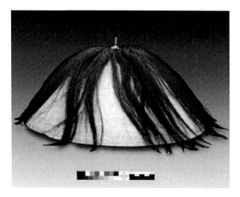

【圖5-16】清代士兵帽（典藏編號96-103）

（國史館臺灣文獻館典藏，右圖為帽頂局部放大，筆者自攝）

（3）典藏編號0188-004-1原名稱為布帽盒（研究編號：GSG-03）【圖5-17】，通高21.8cm、器寬35.5cm。通器特徵為上下開闔式，器蓋頂部作一圓柱鈕狀、弧肩闊檐向下接子母口。盒身作子母口直壁下接平底，整體呈圓盤狀，盒底可見雙鳳眼式托槽。全器以木板拼接成形，器外壁覆以藍色棉布，內壁裏以淺藍色絲綢布料，內填以紙張、棉絮等纖維填充物。此件帽盒外形皆與夏帽相符，其中帽蓋鈕狀空間做為方便容納有頂戴之官帽使用，故定名為藍布夏官帽盒，此件帽盒可同時與典藏編號88-0045-2之文武七品暨進士夏行服冠成套配置。

綜觀館藏兩件夏帽，其頂座製作工藝採翻模製成與紋飾特徵皆能與乾隆至道光時期的頂戴有所對應，其中兩件帽頂頂座之淺浮雕紋飾，應為翻模製作而成，其中編號88-0045-2之頂戴座托，其作仰式尖菊瓣樣式，應屬乾隆至道光時期之頂戴形制。

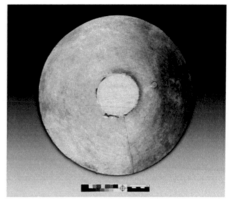

【圖 5-17】布帽盒（典藏編號 0188-004-1）

（國史館臺灣文獻館典藏，右圖為上視圖，筆者自攝）

2. 宜蘭傳統藝術中心館藏夏帽

（1）館藏官帽（典藏編號 20112057abc／總 721，研究編號：CY-01）【圖 5-18】，全器通高 14.6cm、帽檐寬 30.6cm，主要可分為頂戴、翎管、帽纓、帽胎與頭罩。帽胎為藤草盤織而成，帽胎內緣見有一墨書「星記」店號款。此外，帽胎外覆以紅色棉質帽纓，其纓首月圓呈圓餅狀並外裹紅色片金布料，月圓兩端綴一紅色棉繩作為提樑；纓尾則由數條細辮繩組成且長過帽檐。帽胎內側夾有一獨立藤編罩式帽圈，並以紅色棉布包邊，帽圈兩端各綴一青色絆帶，可相互對綁成活動式繫帶。

紅纓、帽胎與帽圈皆由一鎏金頂戴拴合，此頂戴主要可分為座柱螺絲、頂珠、座托、座底與座底螺絲【圖 5-19】，其中座柱螺絲與座底螺絲呈上下對

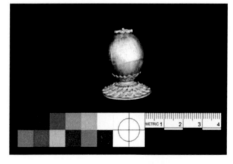

【圖 5-18】七品暨進士夏行服冠
（典藏編號 20112057abc，總 721）

（國立傳統藝術中心典藏，筆者自攝）

【圖 5-19】七品暨進士
夏行服冠素金頂戴特寫

（國立傳統藝術中心典藏，筆者自攝）

栓式拴合。外形特徵上，座柱螺絲頭部作團花形，中央及花瓣尖端皆焊有小珠；頂珠內部中空，表面可見局部鎏金層已脫落並露出銅胎；座托作尖瓣花口式；座底飾以三層乳突覆菊瓣紋樣式，頂部則焊有母螺絲長桿；座底螺絲頭部呈圓片狀，且素面無紋。觀其帽頂頂珠特徵，應為素金頂，屬文武七品官及進士夏行服冠樣式，帽纓與帽頂間亦見有一白玉翎管，並包鑲以銅質夾片，但夾片有殘斷，僅以紅繩繫於座栓螺桿。

（2）館藏夏行服冠另配有帽盒（典藏編號 20112057b、20112057c／總號 721，研究編號：CY-02）【圖 5-20】，該帽盒係以藤蔑採簡單合縫螺旋編法編織而成，主要可分為盒底與盒蓋，蓋頂呈葫蘆鈕狀，以下呈折檐式、最後折肩下接子母口，其中蓋頂應為容納朝冠頂之空間，盒蓋整體做夏朝冠造形，內側亦見有墨書「應統祿」字樣【圖 5-21】。盒底做一圓盒狀，底部中央外凹內凸，外側底部凹弧處見有一托柄設計，應作為托持帽盒之用。機構典藏時與編號 20112057b（總 721）之七品暨進士夏行服冠配套，但若就形制觀察，其盒蓋頂部做葫蘆狀鈕槽，高度亦較一般夏帽盒的圓柱鈕狀頂高，且盒蓋採雙斜坡式，似刻意模仿下朝冠纓厚突帽檐之特徵，故可合理推測該帽盒原為盛裝清代夏朝冠之用。即帽盒與七品暨進士夏行服冠原來應屬各自使用脈絡，至後人加以配套收藏。

【圖 5-20】藤編夏帽盒（典藏編號
20112057b、20112057c，總號 721）

（國立傳統藝術中心典藏，筆者自攝）

【圖 5-21】藤編夏帽盒
蓋內側之「應統祿」墨書

（筆者自攝）

該帽整體形制與國史館臺灣文獻館藏羽纓涼帽（典藏編號 96-103）相同，唯帽纓有棉纓與氂纓之別外，其頂飾座底紋樣與結構特徵明顯一致，應屬乾隆至道光朝產品。此外，國史館館藏涼帽頂飾與頭罩已有散失，故本件夏行服冠可作為完整樣式之參照。

3. 屏東縣客家文物館藏官帽

屏東縣客家文物館所藏官帽（典藏編號：2010B1110180，研究編號：PDKJ-01）【圖 5-22】，通高 19.7cm、帽檐寬 31.8cm，共有頂戴、帽纓、帽胎三個部分。首先在頂戴特徵上，其座柱螺絲與座底螺絲採上下套栓式拴合法【圖 5-23】。帽頂座柱螺絲呈長螺絲狀，頭部作菊瓣形，花瓣尖端焊有銅珠；頂珠為紅色玻璃或染色骨牙材質，前後陰刻團「壽」字紋；座托呈折腰斗形，表面佈滿花蕾狀裝飾；座底呈三層菊瓣式，其樣式同座頂螺帽，亦菊瓣尖端焊有銅珠，為銅鎏金座；座底螺絲呈空心柱狀，內外皆有螺紋，可用以拴合頂戴、帽纓與帽胎，底部圓片見鏨刻「玉合□」店號款。

【圖 5-22】文武二品夏吉服冠

（屏東縣立客家文物館藏，典藏編號：
2010B1110180，筆者自攝）

【圖 5-23】文武二品吉服冠頂特寫

（屏東縣立客家文物館藏，典藏編號：
2010B1110180，筆者自攝）

紅色帽纓夾合於頂戴與帽胎之間，可分為月子與纓子，月子由一橫條盤成圓餅狀，中間有孔，兩端繫有一紅繩作活動式提梁，亦可同時固定帽頂；纓子呈紅色，作流蘇狀。纓下為帽胎，作敞檐斗笠式，胎內以竹篾編織為骨架，骨架內外再鋪以七層含紙質及布質內襯。帽胎內側裏以紅色紗、外側表有牙白色布料、帽緣為紅色交織金線緞質鑲邊，帽棚內見有一布質帽圈，帽圈上見殘留部分絆帶斷片。

（1）吉服冠頂材質檢視分析

經外觀檢視後，可知該文物屬於複合媒材，製作材質多樣，首先在頂戴

部分，可見紅色頂珠表面件有幾處生長輪之痕跡，且不見氣泡痕跡。此外，透過磨損處可觀察到紅色為染色層，珠胎為白色，其內部亦發現有掏腔的刮痕，與現有考古與傳世玻璃頂珠內中空、壁面平滑的特徵有所不符，故排除為玻璃材質，應為骨角類製品。

　　為了進一步瞭解頂戴各結構之成分，針對其金屬結構進行非破壞性 X 光螢光射線進行成份檢測（XRF）。〔註23〕其中座柱螺絲與座底螺絲皆測得高比例的銅鋅元素，推測應為黃銅製品。此外，花瓣狀座底測得較高的銀、銅元素成分，反而鋅元素的序列中未見任何波峰反應，可見在拴合結構上採用黃銅材質，而座底精細的花瓣形裝飾，則選擇較質地較軟且易於塑形的銀銅合金製作。

（2）館藏吉服冠頂年代特徵

　　針對此件官帽的制作及使用年代，可參考頂戴的風格特徵進行判定。頂戴座托的花蕾裝飾【圖 5-24】，亦見於其它清代墓葬出土的頂戴上，以北京朝陽區奧運一期工程所發掘出的頂戴 M21：2 為例【圖 5-25】，其座軸螺帽、座托及座底皆飾滿此種以纍絲技法制作的小花蕾，花蕾中央還焊有銅珠，形成繁密的視覺效果。若依照墓葬出土的銅錢顯示，其年代至光緒朝〔註 24〕，可知此花蕾式頂座是為晚清帽頂流行的裝飾風格。

【圖 5-24】館藏官帽頂戴座托局部

（筆者自攝）

【圖 5-25】頂戴（M21：2）

（北京市朝陽區出土，引自北京市文物研究所，2007 年，彩版四九-5）

〔註23〕見附件二，序號 06。
〔註24〕北京市文物局、北京市文物研究所，《北京奧運場館考古發掘報告（上）》，頁306～307。

4. 國立臺灣大學人類學系系藏夏帽 1 件

國立臺灣大學人類學系民族學展示廳館藏一件藤編帽（標本編號 2905）【圖 5-26】，為 1940 年 5 月 16 日民族學田野採集自田浦阿美族部落，該單位對其描述如下：

> 此帽以及細的藤篾編成，採斜紋編法，形狀似倒扣的臉盆，因細藤非常柔軟，帽子內部頂端加入以藤圈和布條纏繞而成的圓形支架，可固定於頭頂，同時有支撐帽形的功能；支架兩側則以一條麻布帶連接，配戴時可勾在下顎以免行動時帽子因搖晃而掉落。帽頂有染色的人髮做裝飾，將頭髮分成許多小束與麻繩綁成一長串，再將繩子盤捲於頭頂使髮絲自然垂落。此帽風格相當獨特，不同於阿美族其他類型之藤帽，因此無法得知其文化意涵。〔註 25〕

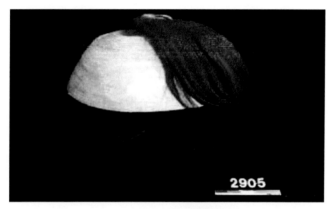

【圖 5-26】藤編帽（典藏編號：2905）

（國立臺灣大學人類學系藏，採集自田浦阿美族。引自「臺灣大學人類學系帝大時期標本資料庫」：http://acis.digital.ntu.edu.tw/ empire/single.php?&ps_collector=%21&ps_ethnic=A08&ps_funct ion=D2&p=2&id=2905，點閱日期 2013 年 12 月 29 日）

透過文中的內容，可知該帽帽胎亦為藤篾等纖維編織而成，故帽胎非常柔軟，其中帽頂因為時間久遠，長時間承載帽纓的重量造成凹陷的現象。此外，帽內部仍保留頭套，且頭套兩端綴以絆帶。然而，透過本前面章節應用歷史傳世文物與文獻的綜合分析，可以確認此件藤編帽即為清代夏帽中的典

〔註 25〕引自「臺灣大學人類學系帝大時期標本資料庫」：http://acis.digital.ntu.edu.tw/ empire/single.php?&ps_collector=%21&ps_ethnic=A08&ps_function=D2&p=2& id=2905（點閱日期 2013 年 12 月 29 日）

型羽纓帽樣式，屬漢人之物，由於紅纓上不見頂戴，故不作官服之行服冠使用，僅為常民涼帽之用。

　　該形式帽子即有可能為部落中通事或土官所有，地方通事一般雖不俱官銜，卻做為漢番之間溝通的重要橋樑，故該帽對高山族部落來說，很有可能作為聯繫官方政權的具體象徵，因此得以保存至今。此外，現今仍可見描繪臺灣本地平埔族穿戴具北方滿州風格的「漢服」圖像【圖5-27】、【圖5-28】，皆具體反臺灣原住民於清領時期逐漸漢化的趨勢，北方服飾傳統透過異地漢化的手段深入東部高山族部落，對於文中所謂無法得知其文化意涵也因此得到了明確的方向。

【圖5-27】六十七，《番社采風圖──渡溪》（局部）

（中央研究院歷史語言研究所藏，可見竹筏上平埔族通事土官頭上與隨身行李皆見有夏帽，引自杜正勝，1998年，第11圖）

【圖5-28】（晚清）張斯桂，《臺灣番俗圖冊──化番嫁娶圖說》（局部）

（北京故宮博物院藏，可見圖中新郎身著白色葛布長衫並頭戴冬帽，引自陳宗仁，2013年，頁154）

三、朝冠頂

（一）考古出土朝冠頂案例

臺南市張虞廷墓同時亦出土銀鎏金朝冠頂一件（研究編號：JYT-02）【圖5-29】，該朝冠頂通高 10.4 公分、寬 5.4 公分，座頂與座中所嵌寶石皆已佚失，僅存頂座結構。出土時器表見有部分黑色氧化層，推測應為銀質。朝冠頂座主要分成頂托、座中、座底三層，座中上下各有兩層嵌座以銜接頂托與座底，最後以座軸貫穿【圖5-30】。頂托作羽狀紋蒂形托；座中作球狀，內部中空，並鏤空纏枝牡丹紋；座底作五瓣覆蓮式，每瓣飾有浮雕莨苕葉紋，其下亦有一道陰刻魚子地捲葉牡丹紋，並見殘留有鎏金痕跡，底部戳有「金足成」款，應為店號；上下座托則皆做雙層仰覆如意紋蒂形樣式。

【圖 5-29】
（清光緒）銀鎏金朝冠頂座

（臺南市南區張虞廷墓出土，國立臺南藝術大學藝術史學系藏，筆者自攝）

【圖 5-30】
銀鎏金朝冠頂座測繪圖

（見所有零件皆由一座軸貫穿，筆者繪製）

（二）歷史傳世朝冠頂案例

見臺灣歷史博物館藏新竹李錫金家族傳世七品夏朝冠頂，通器可分成三個部分，為朝冠頂、紅纓與帽胎【圖5-31】。朝冠頂為銅胎鎏金，座頂銜有鎏金角錐狀銅質立柱，頂托作仰式瓜蒂形；座中呈圓珠狀，表面飾滿陽紋纏枝蓮花紋，中嵌有一材質不明的白色小珠；座底為鏤空淺浮雕覆蓮瓣式；冠頂

上下座托則做雙層仰覆鏤空花口蒂形樣式，並飾有陰線刻紋。若參考冠頂所嵌寶石特徵，可知其為七品朝冠頂頂制。

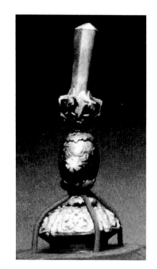

【圖 5-31】七品夏朝冠

（新竹李錫金家族傳世文物，國立臺灣歷史博物館藏，引自張淑卿等，2013
年，頁 76～77）

　　冠頂下為典型雙梁朝冠紅纓，纓首月圓做一寬圓面，雙梁交互相套於朝冠頂座底，並另用紅線將雙梁綁束於下座托以固定冠頂；纓尾為絲絨材質，厚實的覆於帽胎上，中段以紅繩束之。紅纓以下始露出牙白色帽胎，作敞簷斜坡式，帽緣作單層石青片金鑲邊，並綴有一顆白色珠子〔註26〕。

四、小結

（一）整體頂戴之裝飾紋樣及結構特徵

1. 吉服冠頂

　　透過目前所見臺灣出土與傳世吉服冠頂的觀察，可以發現兩類不同的裝飾工藝技法，其拴合結構亦有所差異，以下分述：

（1）第一類採對栓式拴合法

　　依其座底母螺絲長短可下分兩式，I 式見於臺南市水交社出土的白色涅

〔註26〕按館方資料顯示其為白色涅玻璃珠（為仿東珠）。見張淑卿，〈捐納入官，異途
　　　　德功名——捐官七品夏朝冠〉，《看見臺灣歷史——國立臺灣歷史博物館館藏
　　　　綜覽圖錄》，臺南：國立臺灣歷史博物館，2013 年 10 月 31 日，頁 76～77。

玻璃吉服冠頂頂座，其座柱螺絲貫穿頂珠與座底螺絲於頂座對栓，兩根螺絲皆屬公螺絲，故承上下對栓狀態（【表 5-1】，第一類 I 式），年代約為道光年間。

II 式對栓法見國立傳統藝術中心館藏七品暨進士形服冠之素金頂（【表 5-1】，第一類 II 式）與國史館臺灣文獻館藏夏涼帽之拴合結構，兩者座底母螺絲皆延伸成柱狀，可縮短座柱螺絲之長度，兩者裝飾母題與紋樣特徵應為乾隆至咸豐年間產品。

（2）第二類採套栓式拴合法

見埔里潘踏比厘與屏東六堆江昶榮傳世吉服冠頂，其座軸螺絲呈公螺絲形式貫穿頂座與座托，但此時的座底螺絲已演變成外公內母的二合一形式，可使座軸螺絲穿過頂珠並栓入座底螺絲內，形成上下套栓狀態（【表 5-1】第二類），年代屬光緒朝。

【表 5-1】清代吉服冠頂拴合形式表

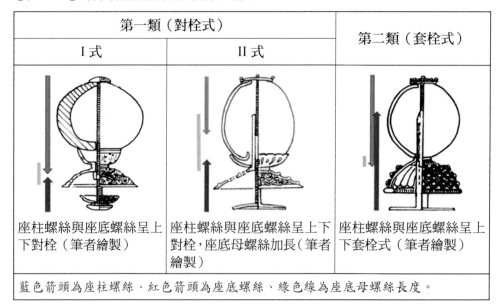

第一類（對栓式）		第二類（套栓式）
I 式	II 式	
座柱螺絲與座底螺絲呈上下對栓（筆者繪製）	座柱螺絲與座底螺絲呈上下對栓，座底母螺絲加長（筆者繪製）	座柱螺絲與座底螺絲呈上下套栓式（筆者繪製）
藍色箭頭為座柱螺絲、紅色箭頭為座底螺絲、綠色線為座底母螺絲長度。		

類比此二類不同拴合方式之頂戴，第一類拴合法之座底在製做技法上應為翻模鑄造，其第 I 式座底與座托一體成形，而座底飾以減地鏤空雜寶紋飾帶，整體呈現淺浮雕的效果。第 II 式座底則採座底與座托分鑄的形式，座底則以淺浮雕菊瓣紋為母題。大抵而言，現有考古與傳世資料顯示，此類拴合法應重疊分布於乾隆至同治年間，發展序列最長。

　　第二類拴合法似乎延續座底與座托各別製做的形式，座底則改用纍絲與焊珠等大量焊接等技法來呈現花蕾堆疊的效果，故結構亦相較前者細緻複雜。若從裝飾特徵延伸推測，張虞廷墓出土的藍色涅玻璃吉服冠頂以及江昶榮傳世的兩件官帽帽頂，原先皆屬於第二類拴合法，年代皆集中在光緒時期。

　　2. 朝冠頂

　　朝冠頂的拴合結構較為單純，其拴合結構較無太大的時代變化，僅為單一長條公螺絲拴上夾片即可固定，或透過繫於帽縷月圓上的帽梁達到固定作用。若要進一步比較李錫金家族傳世朝冠頂形制與張虞廷墓出土的朝冠頂，兩者雖然結構相當，但在製作工藝上仍有高下之別【表 5-2】。李錫金家族傳世朝冠上下座托以陰刻花形圓片為之，僅頂托造型較為立體，以折角式爪形托呈現，而座中主要以陰刻團花紋樣座裝飾。

【表 5-2】李錫金家族朝冠頂與張虞廷朝冠頂工藝特徵對照表

	李錫金家族傳世朝冠頂	張虞廷墓出土朝冠頂
頂托		
上座托		
座中		

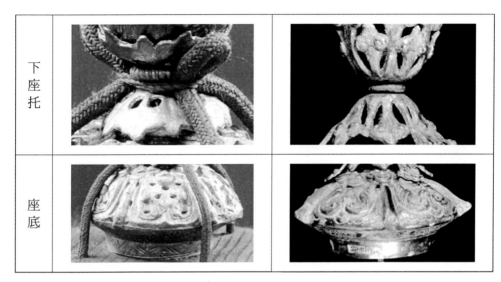

下座托		
座底		

然而，張虞廷墓出土的銀鎏金朝冠頂除了在座托作以立體紋樣外，更善於透過長短相間的方式，製造多道層次的視覺感。同時，座中圓球甚至以鏤空地的方式呈現，可說是略勝一籌。兩件朝冠頂案例皆呈現清代晚期朝冠頂裝飾風格上的多樣性，其反映工匠的製作風格可能存在區域差異。

（二）兩岸考古出土頂戴的風格年代比較

目前所獲得的吉服冠頂之內部結構特徵與紋樣風格年代，皆可與大陸地區出土資料相互補充對應，水交社出土的頂戴頂座採用母題減地鏤空裝飾風格，亦見於北京魯古金代呂氏家族墓 M16 出土的藍色涅玻璃頂及天津薊縣上寶塔清代墓 M203 出土的銅鎏金頂，墓葬年代皆屬於道光朝。

此外，水交社出土的頂戴座底螺絲形式與前述大陸地區出土的兩個案例有所不同，前者座底螺絲較短，螺絲頭部作纍絲花邊裝飾；後者座底螺絲較長，螺絲頭作圓片狀且無其它裝飾，其中天津出土的銅鎏金頂帽其座底螺絲上甚至懸有夾片，推測其可因應帽胎與帽繆的厚度，彈性調整帽頂夾合寬度。若同時考量頂座裝飾風格一致的情況下，兩岸所出土的道光朝頂戴期座軸螺絲與座底螺絲應皆作上下對栓式。

臺南市張虞廷墓出土以及屏東江昶榮、埔里潘踏比厘傳世吉服冠頂，其裝飾紋樣風格統一外，年代皆明確集中在光緒年間。其資訊可提供中國地區所出土第二類二型紋樣之吉服冠頂，可靠的出土年代及內部結構的參考依據。同時，筆者亦發現部分頂戴會於座底螺絲頭圓片底部鏨刻店號款的現象，且名稱多樣，故可以得知清代販售頂戴的店家眾多。

（三）臺灣墓葬出土與歷史傳世頂戴的文化現象

歷史傳世與墓葬出土文物亦能反映過去頂戴與官帽的使用方式，透過考古出土的現象觀察，臺南市水交社 SJS-A-B50 僅出土吉服冠頂一件，雖然不排除此墓葬曾遭受盜擾的可能，但此種僅出土單一頂戴的現象亦在大陸地區的清代墓葬經常看到，其中又以陪葬吉服冠頂最為頻繁。臺南市南區張虞廷墓則陪葬吉服冠頂與朝冠頂一組，推測與墓主的經濟能力亦有相當大的關係。

綜觀歷史傳世材料，埔里潘踏比厘所留下的頂戴僅有一枚六品吉服冠頂，據訪問所有人得知傳世遺物中有些文物早年已散失，且在墓主遷葬時也並未發現其他頂戴遺物陪葬，故可以推測潘踏比厘生前的帽頂僅做為後世傳承而不入葬。〔註 27〕屏東六堆江昶榮進士遺物同時保存七品（或進士）頂與五品吉冠頂，顯示兩種品級的頂戴皆被有意識的保留下來。此外，兩件吉服冠頂各自裝配於冬帽與夏帽上，現有同時完整保留冬夏帽且留有歷史紀錄的案例並不多見，其帽胎形制特徵皆與古代文獻描述相吻合，並完整保存於帽盒中。

筆者姑且不論未見傳世朝冠的部分，若假設此組冬夏帽為江昶榮僅有一組可以安裝吉服冠頂的冠式，則似乎可以顯示帽頂搭配換季時，必須交互拆卸並安裝於當季的冠帽上。兩筆傳世案例皆未見到朝冠頂蹤跡，在訪談中也發現其後代似乎皆未看過類似帽頂，〔註 28〕故現階段的資料尚無法解決當時朝冠頂使用方式等問題，但結合考古墓葬出土的結果，可知道清代頂戴於物主死後可作為傳家物或陪葬品的雙重功能。

此外，本次研究亦透過地方文物館藏文物，確認清代「起花」頂戴的裝飾方式。按《大清會典》的規定，二品文武官員頂用「起花珊瑚頂」，而八、九品官員用「花金頂」，所謂的「起花」，滿文稱作「ilga foloho」，係為雕刻花紋之意，並無指涉特定紋飾。〔註 29〕若透過就屏東縣客家文物館藏之吉服冠頂及清官傳世的起花珊瑚吉服冠頂來看，該類頂戴之頂珠表面皆刻有紋飾，其刻紋母題有團壽字紋及纏枝番蓮花紋等紋樣，提供吾人對於「起花帽頂」能有更具體的認識。

〔註 27〕參見附件三-2，Q2。
〔註 28〕參見附件三-2，Q2；附件三-3，Q5。
〔註 29〕學者莊吉發曾針對清世宗憲皇帝滿文實錄所紀錄雍正八年禮部議準帽頂制度，進行滿文帽頂名稱的辨譯。詳見莊吉發，〈清文國語──滿文史料與雍正朝的歷史研究〉，《清史論集（二十）》，臺北：文史哲出版社，頁 130～131。

（四）臺灣傳世官帽胎之觀察

1. 吉服冠與行服冠

　　透過對於歷史傳世與各典藏單位的官帽的觀察，對於各類帽胎的特徵及其製作工藝能有近一步的認識。在撰寫論文期間，筆者亦針對工藝技法進行田野訪查。然而，現有材料以夏帽類文物數量較多，故主要集中討論清代夏吉服冠與夏行服冠的製作方式。關於帽胎的製作，由於夏吉服冠與行服冠製作方式各有不同，以下各別分述：

（1）夏吉服冠帽胎

　　夏吉服冠運用竹子較優的韌性與硬度，首先以竹為骨架，採六角形空花編織法（或稱「透孔六角編織法（Latticed or Open-hexagonal）」）〔註30〕【圖5-32】，先削切出同寬度與厚度的經條與緯條，先斜行相交以構成菱形的空花，後於空花上下兩角平行穿過一至兩條緯條，〔註31〕由帽緣向上編織而成，最後於頂部作一順時針螺旋收編【圖5-33】。

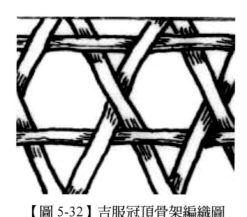

【圖5-32】吉服冠頂骨架編織圖	【圖5-33】吉服冠帽胎頂部局部
（筆者自繪，圖截自屏東縣客家文物館藏吉服冠線繪圖稿）	（頂端破損處可見頂部竹編呈順時針方向收邊，原件文物由屏東屏東縣客家文物館提供，筆者自攝）

　　完成胎骨之後，於其內外襯以數層（外三層、內一層）紙張【圖5-34】、【圖5-35】、【圖5-36】，類似於紙糊的形式，最後在最表層覆以白羅、而內裏處襯以紅紗，並於帽緣（同時為表層與裏層交界處）以石青片金布包邊，即

〔註30〕該編織法同樣使用於臺灣高山族各族原住民的編織器中。詳見陳奇祿，〈臺灣高山族的編器〉，《考古人類學刊》第四期，1954年11月，頁3。
〔註31〕陳正之，《竹編工藝》，臺北：漢光文化，1998年7月31日，頁33～35。

完成帽胎，可知其結合運用竹編器與紙糊器等工藝製作。關於官用冠帽以竹編六角形空花編織做胎之法，在明代的冠帽中已可見得，如山東明魯王墓裡出土的皮弁冠【圖5-37】與竹編寬沿紗帽【圖5-38】皆用此編織方式製作，其中竹編寬沿紗帽之帽身及頂部收尾方式幾乎與夏吉服冠相同。直至今日，臺灣傳統民間農村所使用的竹笠仍繼續採用此一技法編織，採雙層竹笠胎內夾竹葉製成，又稱「經笠仔：kue-lėh-á」。〔註32〕

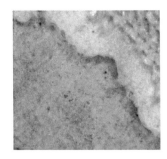  

【圖5-34】吉服冠帽胎第1層～第3層（右～左）糊料	【圖5-35】吉服冠帽胎第3層～第5層（右～左）糊料	【圖5-36】吉服冠帽胎局部第6層～第7層（上～下）
（第1層為表層羅布。原件文物由屏東屏東縣客家文物館提供，筆者自攝，Dino放大150倍率）	（第5層為竹編骨架。原件文物由屏東屏東縣客家文物館提供，筆者自攝，Dino放大150倍率）	（第7層為內裏層紅紗，原件文物由屏東屏東縣客家文物館提供，筆者自攝，Dino放大150倍率）

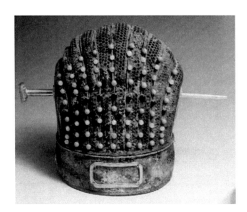 

【圖5-37】（明洪武）九縫皮弁冠（局部）

（山東明魯王朱檀墓出土，山東省博物館藏，引自山東省博物館，2004年，圖版2）

〔註32〕陳正之，《竹編工藝》，臺北：漢光文化，1998年7月31日，頁89～93。

【圖 5-38】（明洪武）竹編寬沿紗帽及其頂部（右上）與帽身（右下）特寫

（山東明魯王朱檀墓出土，山東省博物館藏，筆者攝自山東省博物館）

（2）夏行服冠帽胎製作

關於夏行服冠與常民涼帽之製作方式，不同於吉服冠採用竹片先做出硬體骨架，且不多加糊紙襯裡等方式，而是單純使用草類或藤類纖維，以簡單合縫螺旋編法（Simple oversewn coiled）製作。即運用直向編條與橫向蕊條兩種材料交互繞編，每一針（Stitch）直向編條先繞於一新卷繞的蕊條上，後穿綴於舊卷蕊條的兩針直向編條之間，循序盤繞而成。〔註33〕然而，雖知其編織方式，但仍無法清楚說明清代工匠具體編製的流程與使用工具。故筆者，鑑於藤草材質柔軟的特性，亦實地詢問專業的草帽編織師傅，透過近代草帽的製作方法，企圖探尋一些蛛絲馬跡。

臺灣的高品質草編製品主要以生產於中部大甲、苑里一帶的藺草所製成。相傳以大甲藺製蓆始於雍正年間，由平埔族婦人開始嘗試編製，約莫於道光8 年（1828 年）逐漸開始作為交易商品，由漢人商人到大甲一帶蕃社，以物易物的方式進行蒐購，再轉賣臺灣各地甚至出口至大陸地區。〔註34〕日治時期則開始有規模的製造西式草帽，並大量外銷至日本【圖 5-39】。

關於藺草編帽之法，根據大甲老一輩的編織師傅蘇足女士表示，藺草草帽製作先將曬乾後的藺草葉，用針尖依所需寬度剝成細絲，草絲寬度則按草帽的細緻度而有所差別，寬度（行話稱「目數」）越細者所耗費之工時也較多，故價格越高。在編織帽子時，需在模子上進行，並由頂部向下編製，且適時

〔註33〕該編織法同樣使用於臺灣泰雅、排灣、卑南、阿美、達悟族原住民的編織器中。詳見陳奇祿，〈臺灣高山族的編器〉，《考古人類學刊》第四期，1954 年11 月，頁 4。

〔註34〕引自張仲堅，《臺灣帽蓆》，臺中：臺中縣手工藝品商業同業公會，2002 年 10 月 15 日，頁 5。

的用木拍拍打，方使帽子立體規整。由於草帽完成時輕薄柔軟，為了增強帽子的強硬度，還需要施以薄蠟，才能增加使用的壽命與耐力。〔註35〕

【圖5-39】（清末－日治）漢人婦女集體編織草帽

（原圖為大甲郭金潤所有，引自張仲堅，2002年，圖1-24）

　　同樣屬於草帽類的清代行服冠或常民涼帽，雖然在編織技法上與大甲草帽有所不同，但考慮到帽子的柔軟且胎面平整的特性，可以合理推測在製作時必定需要藉由模子與拍子的輔助，方能進行。另外，在帽子編織完成後，還需經過敷蠟，使帽胎能夠硬挺規整才不致變形。

　　值得一提的是，若再次回頭觀察目前傳世的清代夏行服冠文物時，常會見到表面附著有白色不明物質，因時代久遠而呈現斑剝狀【表5-3】，殘留較多者甚至可見有汽泡，依據諸項特徵判斷，應為敷蠟層。該類帽胎的敷蠟技法與現代草帽有著相同的製作方法與目的。此類涼帽在清代亦有雨纓冠之稱，即暗示該帽帽纓與帽胎應具有防水功能，故草帽上的蠟層恰恰解釋該帽如何發揮防水的效果，是為本次研究的重要發現之一。正因為其質地輕巧，其通風與防雨機能更甚於吉服冠，故得以作為官方行服或民間日常服用。

　　除了關注夏帽胎的製作方法外，帽胎下的帽圈亦是筆者關注的對象，部分館藏傳世夏帽已不見帽圈，目前夏帽仍存有的頭套案例主要有圈套式與網罩式兩種【表5-4】。其中屏東客家文物館藏吉服冠與江昶榮的五品行服冠皆為圈套式帽圈，而國立傳藝中心館藏的七品行服冠則為網罩式帽圈。

〔註35〕參見附件三-4，Q2。

【表 5-3】傳世行服冠帽胎特徵表

電子放大鏡倍率　文物名稱	150 倍	200 倍
江昶榮進士傳世夏行服冠		
國立傳統藝術中心館藏七品暨進士夏行服冠（典藏編號：20112057abc／總721）		
國史館臺灣文獻館藏文武七品暨進士夏行服冠（典藏編號：88-0045-2）		

【表 5-4】清代夏冠帽圈形式

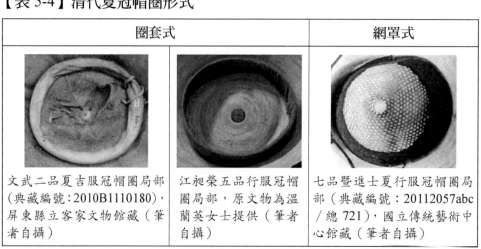

圈套式		網罩式
文武二品夏吉服冠帽圈局部（典藏編號：2010B1110180），屏東縣立客家文物館藏（筆者自攝）	江昶榮五品行服冠帽圈局部，原文物為溫蘭英女士提供（筆者自攝）	七品暨進士夏行服冠帽圈局部（典藏編號：20112057abc／總721），國立傳統藝術中心館藏（筆者自攝）

有趣的是，國立傳統藝術中心藏的行服冠帽圈套編法與屏東客家文物館吉服冠骨架相同，皆以透孔六角編織法，且帽圈採獨立栓夾，有異於江昶榮行服冠以縫綴方式固定，反應不同店家制作的特色。但不管採用上述以縫綴或夾合的方式，兩者固定能力皆有所限制，仍會因為長時間的使用而脫落斷裂，因此能反映為何現有傳世行服冠或常民涼帽皆不容易留存帽圈的關鍵因素。

2. 朝冠

國立臺灣歷史博物館藏李錫金家族傳世官帽在外形上可明顯辨識為夏朝冠式，但細看其帽胎形制，帽檐處僅見單層石青片金緣，外觀與屏東客家文物館所藏吉服冠一致，故該件朝冠是以夏吉服冠帽胎外加朝冠纓與朝冠頂組裝而成，可能反應當時為求經濟或便利等因素考量，所產生使用上的折衷現象（移花接木）。

此外，朝冠帽緣所綴一仿珍珠之白色料珠的特徵，並不見於清會典上所規定的官員朝冠形制。翻閱清代以來的圖像與章典文獻，《大清會典》中唯有皇帝夏行服冠明文記載於帽檐綴以珍珠之制〔註36〕，然而在康熙至乾隆時期

【圖 5-40】（清康熙）佚名，玄燁常服寫字像

（局部，北京故宮博物院藏，見其常服冠帽檐綴一珍珠，引自北京故宮博物院，1995 年，圖版 13）

【圖 5-41】（清乾隆）佚名，萬樹園賜宴圖

（局部，北京故宮博物院藏。圖中可見乾隆皇帝吉服冠帽檐綴有珍珠，引自北京故宮博物院，1995 年，圖版 58）

【圖 5-42】（清乾隆）佚名，蒙古準噶爾部親王達瓦齊像

（北京故宮博物院藏。圖中可見紅寶石吉服冠帽檐綴有一珍珠，引自李理，2009 年，頁 96）

〔註36〕行冠上綴珠規制首見嘉慶朝《欽定大清會典圖》（卷四十一）記載皇帝夏行冠圖：「夏行冠，織玉草或藤絲、竹絲。上級鶖纓、梁黃色、前綴珍珠一。」引自《欽定大清會典圖（嘉慶朝）》卷 41，臺北：文海出版社，1991 年，頁 1343。

【圖 5-43】清末，
五品官員官服照（局部）

（Courtesy of the Peabody & Essex Meseum 收藏，引自 Beverley Jackson & David Hugus 1999, p52.）

【圖 5-44】清末，
六品官員官服照（局部）

（私人收藏，引自 Beverley Jackson & David Hugus 1999, p85.）

的肖像畫中，皇帝及王公、隨侍大臣等肖像之下常服【圖 5-40】、吉服冠【圖 5-41】、【圖 5-42】中，皆見綴珍珠者，故此時期官員於夏冠帽檐綴珠並非尋常之制，應屬殊榮。

另〈皇朝冠服志〉曾記載官員夏帽「外包織金作圍邊，上加細黑辮一道，前載如菽洋珠一顆為飾。」〔註 37〕之事，因此推測至清中晚期，官帽上綴珍珠的現象逐漸氾濫。綜觀清代晚期的舊照片，時常可以看到五品以下官員亦有夏朝冠【圖 5-32-d】與吉服冠檐前綴珠【圖 5-43】之貌，這是否再次反應清代晚期出現服飾與帽頂穿戴違制僭越的另一現象，則需要日後找到更多的文獻與傳世資料考證才能說明。

〔註 37〕王侃，〈皇朝冠服志〉，頁 10。

第陸章　清代頂戴之工藝特色

關於清代頂戴的製作方式，由於現有考古與歷史傳世材料以吉服冠頂較多，而朝冠頂礙於數量有限，且出土材料多有頂石散佚的狀況，故本章節主要以吉服冠頂為主要討論對象，針對頂珠、頂座與螺絲結構之材質及製作工藝進行理解。

一、頂珠材質與加工之法

清代頂戴之頂珠，主要有空心珠或實心珠兩類，空心珠為珠內中空帶有腔室、實心珠則無此腔室，僅作穿孔或打象鼻孔者。此二類各自可下分成正圓、束圓與寬圓三種形式【表 6-1】。若以材質劃分則有機材質與無機材質，有機類材質包括海生動物之（珍珠、硨磲、珊瑚）與陸生動物之牙骨（象牙、烏角……等）材質；無機類材質如寶石礦物（紅寶石、藍寶石、碧璽、石榴石、青金石……等）、金屬（金、銀、銅、錫、鉛、鎳……等）、玻璃類材質。

1. 頂珠加工之法

若將上述材質製珠，可因應各式材質的特性延伸出不同的製作工藝，以下針對材質特性的差異進行分述：

（一）礦物寶石類材質與牙骨類材質

有機材質類與礦物類寶石材質多採用打磨成珠【圖 6-1】，為使頂珠嵌於頂座上，則會對珠料進行穿孔或打象鼻眼的方式來處理。部分頂珠亦會成空心狀，推測其更進一步使用「掏腔」的工藝技法【圖 6-2】，此一技法亦常使用於礦石類材質鼻煙壺的製作上。透過傳世文物的觀察，其首先在珠體穿一貫孔，再於穿孔中段用細小工具掏空形成內腔。值得一提的是，部分材質亦

會經過染色之處理，以混充特定材質之頂珠，例如牙骨料珠表面染紅以充做紅珊瑚珠者。

【表 6-1】清代吉服冠頂頂珠珠形特徵表

正圓式	寬圓式	束圓式
		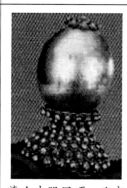
藍色涅玻璃吉服冠頂，高7.5cm，魯谷金代呂氏家族墓M16 出土（M16：5）（引自北京市文物研究所，2010年，彩版二一-2）	鎏金吉服冠頂，高 3.9cm，北京市奧林匹克會議中心 M32 出土（M32：8）（引自北京市文物局、北京市文物研究所，2007年，圖版三十-5）	鎏金吉服冠頂，北京故宮博物院藏（引自張瓊，2005 年，圖158）

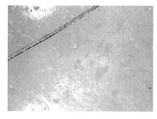

【圖6-1】江昶榮夏行服冠五品水晶帽頂頂珠表面	【圖6-2】頂珠管鑽痕跡
（以電子放大鏡放大200倍率，見佈滿刮痕，應為打磨時的加工痕跡，筆者自攝）	（以電子放大鏡放大 100 倍率，可見頂珠管鑽痕跡（圖左），並見頂珠中段掏膛所留下的加工痕跡（圖右），原件文物為屏東縣客家文物館藏，筆者自攝）

（二）玻璃類材質

　　玻璃材質製珠則較相對簡單，〔註1〕首先將玻璃沾黏在金屬棒上，透過

―――――――――――――――――――――――――――――――――

〔註 1〕北京故宮博物院林姝透過雍正八年十月、九年七月至九月的內務府造辦處《活計檔》資料，認為清代頂戴制度於雍正朝加入玻璃材質製品，主要原因在於天然寶石不敷用，而玻璃在當時是被視為下天然寶石一等的貴重之物，

加熱並同時轉動棒子的方式致使軟化的玻璃旋成球狀，因此可見玻璃頂珠表面往往出現密集平行的紋路，且偶見有氣泡。玻璃頂珠又可以分作單色玻璃與多色玻璃兩類，其中雙色玻璃頂珠即應用「套料」的技法，以張虞廷墓出土的吉服冠頂頂珠為例，其以淺藍色玻璃為胎，外覆一層透深藍色玻璃層，此一技法所製作出的玻璃俗稱「套料玻璃」，亦常使用於玻璃鼻煙壺的製作中。〔註2〕

　　此外，若為空心珠則推測可能亦進一步使用「吹玻璃」的工藝技法，方能使頂珠腔室內壁不見任何打磨或掏膛之痕跡，呈現光滑的質感。此一技法大量見於清代的玻璃容器的製作上，係先以鐵吹管將玻璃液挑起，再用口吹氣並搭配旋轉吹製而成，最後打孔。〔註3〕關於玻璃頂珠的製作成份，若以現有考古與私人收藏帽頂頂珠所測得的數據，顯示其媒溶劑皆以鉀（K）鈣（Ca）為主【表6-2】。〔註4〕此類鉀鈣玻璃成份製品亦同樣見於清宮舊藏琉璃廠所燒造的玻璃器具，以及山東顏神鎮之博山玻璃製品，是為清代中國北方玻璃製品的主要品種，〔註5〕反映臺灣出土與傳世頂戴之玻璃頂珠為中國本地製品。

因此唯一的原因應是礙於當時原料的不足，採改用玻璃替用。（詳見林姝，〈雍正時期玻璃製品與朝政的關係〉，《故宮博物院院刊》，2008年第5期，頁46～47）然而筆者持不同看法，若考量製作工藝的因素，材料的缺乏可能並非主要原因，而是在於製作過程的時效性。若同時製作寶石礦物珠子與玻璃料珠，寶石珠必須歷經裁料、打磨成形、拋光、打眼甚至是掏膛等流程，而玻璃珠透過配方比例的差異甚至可以做仿各種有機與無機材質特徵，在燒製完成後，更免去拋光與打眼、掏膛等工序，相對耗費的工時較短。乾隆朝以後，玻璃料器逐漸在民間普及，故料珠的製作成本逐漸降低，價格相對寶石更為低廉，至清代晚期更成為頂戴頂珠材質的主流。

〔註2〕套料鼻煙壺之製作技法除了使用雙色以上玻璃多層覆蓋外，當燒製成器後，亦會使用雕刻技法讓內胎玻璃顏色露出，讓各層顏色之玻璃層隨裝飾紋樣母題自由搭配。張榮，〈清雍正朝的官造玻璃器〉，《故宮博物院院刊》，2003年第1期，頁75。

〔註3〕楊伯達，〈清代玻璃概述〉，《故宮博物院院刊》，1983年第4期，頁9。

〔註4〕水交社出土道光朝白色涅玻璃頂戴之珠經測得亦為鉀鈣玻璃，與光緒朝頂戴之玻璃頂珠成份相符合，反映該玻璃頂珠應為大陸製品。關於水交社頂戴之頂珠測得成份結果見王竹平，〈臺南水交社墓葬群出土金屬遺物的修護及其脈絡──以清代官帽頂飾與古錢幣為例〉，《臺灣文化資產中的出土文物研究與修護》，臺南：國立臺南藝術大學藝術史學系，2014年5月，頁60～61。

〔註5〕楊伯達，〈清代玻璃化學配成份的研究〉，《故宮博物院院刊》，1990年第2期，頁18、25。

【表6-2】清代玻璃頂珠化學成份分析表

序號	名稱（受測樣本）　元素（ppm,%）	矽 Si	鎂 Mg	鈣 Ca	鉀 K	硼 P	鋁 Al
1.	張虞廷四品藍色涅玻璃吉服冠頂（光緒）	48.48	28.92	9.80	4.84	3.32	2.47
2.	五品白色明玻璃吉服冠頂（私人收藏，清末）	矽 Si	鎂 Mg	鈣 Ca	鉀 K	硼 P	鋁 Al
		51.37	29.65	8.84	4.72	3.62	1.63

　　若比較本次所獲得之玻璃頂戴樣本，以年代較早的水交社出土白色涅玻璃吉服冠頂頂珠玻璃胎體較厚，表面見有密集的細紋【圖 6-3】，觸感較為粗糙。相較年代較接近光緒朝的潘踏比厘與張虞廷墓出土的玻璃頂珠【圖 6-4】、【圖 6-5】，雖然頂珠顏色品級有別，但兩者頂珠整體胎壁較薄，質地平滑有光澤，近乎於塑料的質感。其可能透露出清代中期至清末之間的玻璃頂珠，在配方與工藝上有些許的變化。

（三）金屬類材質

　　金屬材質頂珠係採用上下合模的方式，即所謂的「塊範法」製成，其珠體多為空心，且於中間處見常有一道接合線（或稱「範線」）【圖 6-6】、【圖 6-7】，但該特徵有時會因為被鎏金層遮蓋而不易顯見。最後再於空心珠採單向鑽孔，因此可見頂珠一端內凹【圖 6-8】、一端微凸的現象，在製珠的最後最後亦會將外凸的一端修飾平整【圖 6-9】。此外，為了美觀考量，多以凹處為

【圖 6-3】
道光時期的
白色涅玻璃頂

（表面帶有緻密細紋，質
感貌似碑碟。六品吉服冠
頂珠，臺南水交社遺址出
土，筆者自攝）

【圖 6-4】光緒時期的
白色涅玻璃平滑
具有光澤無細紋

（宛如塑膠質感。六品吉
服冠頂珠，埔里潘踏比厘
遺物，原件文物由潘怡宏
先生提供，筆者自攝）

【圖 6-5】光緒時期的
藍色涅玻璃
採雙色套料製成

（斷面同時看到雙色交
疊。四品吉服冠頂珠，臺
南市張虞廷墓出土，筆者
自攝）

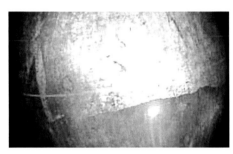

【圖 6-6】傳世素金頂珠中央表面
有時可見一道明顯的範線

（原文物為國立傳統藝術中心館藏，筆
者自攝）

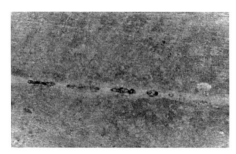

【圖 6-7】銅珠面中央的合範線
以 150 倍率放大

（清楚可見合範線，筆者自攝）

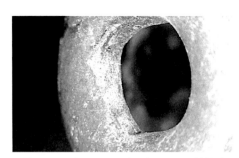

【圖 6-8】銅珠下部穿孔以手持式
電子放大鏡 150 倍率側拍

（可見穿孔周邊區域明顯因入鑽而產生
穿凹的痕跡，筆者自攝）

【圖 6-9】銅珠頂部穿孔以手持式
電子放大鏡 150 倍率拍攝

（見孔緣明顯因出鑽而產生穿凸的痕
跡，穿凸的部分亦經過刻意打磨修飾，
筆者自攝）

下（變形面積較大）以藏入座托內，修平處為上（變形痕跡較小），藉由座托與座柱螺絲頭加以遮蓋。

二、頂座材質與加工之法

清代頂戴之頂座多為金、銀、銅等材質製作，並運用多種金工技法如：鑲嵌、模鑄、纍絲、焊珠、焊接、鎏金、燒藍……等。此外，頂戴的螺絲結構使用到車床削切與鑽刻螺紋的技術。〔註6〕同時，若座底螺絲頭有銘款，則以鏨刻或打戳記的方式呈現。關於清代頂戴座底之製作方式，本次針對臺灣本地出土與歷史傳世吉服冠頂常見之頂座工藝技法進行介紹。

（一）模鑄式頂座製法

以水交社出土的頂戴座底為例【表6-3】，其紋飾主地分明，地紋多做不規則鏤空，且未見任何範線的痕跡，僅見刻模所留下的修坯痕，故筆者推測可能使用「失蠟法」（Lost Wax casting）的模鑄技法製成，〔註7〕方能針對較複雜細緻的紋飾透蠟模的雕刻，進行更細節的處理。而鏤空較規律且紋飾較平面者，亦可使用「塊範法」（Piece-Mold casting）製成。最後再將完成的胎體進行鎏金或鍍金（mercury amalgam gilding）的工作，使用泥金混合汞的方式敷於鍍金面上，透過加熱的方式使汞揮發，讓金附著於器表。〔註8〕

此外，透過現有的考古標本與傳世材料進行成分檢測可以發現，無論是菊瓣紋或減地雜寶紋帽頂，凡以翻模方式鑄造之頂座，其金屬成分皆測得高比例的銅（Cu）、鋅（Zn）元素，〔註9〕即為「黃銅」。該合金特性在色澤上呈現金黃色且質地偏硬，故部分黃銅頂戴未測得金（Au）含量，推測當時即未另外鍍金，直接以黃銅的呈色代替黃金。同時除了頂座之外，座柱螺絲與座底螺絲所測得的合金成分亦以黃銅為主，可能是藉由其堅硬的特性來增加螺絲使用時的強度。

〔註6〕 關於頂戴的螺絲結構特徵，筆者將於第柒章詳細說明。
〔註7〕 清乾隆與嘉慶年間在文獻與考古材料中皆有發現清代帽頂亦有使用纍絲製作圓菊瓣式頂座者，由於目前尚無法取得實物樣本，故未能針對早期使用纍絲工藝之頂座材質進行詳述。
〔註8〕 李建緯，《先秦至漢代黃金製品工藝與身體技術研究——兼論其所反映的文化交流與身分認同問題》，國立臺南藝術大學藝術創作理論研究所博士論文，2010年1月，頁52～53。
〔註9〕 見附件二，序號01、02。

【表6-3】清代模鑄式吉福冠頂座工藝特徵對照表

座底正面	座底背面
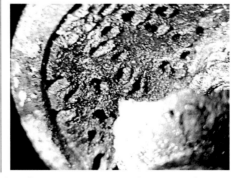	
六品白色涅玻璃吉服冠頂（座底局部），臺南市水交社出土（筆者自攝）	

七品暨進士素金頂（座底局部），國立傳統藝術中心館藏（筆者自攝）	
	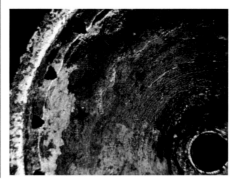
六品白色涅玻璃吉服冠頂（座底局部），私人收藏（筆者自攝）	

（二）纍絲式頂座製法

　　綜觀現有臺灣出土與傳世光緒時期的頂戴樣本中，以纍絲花蕾的紋飾最為常見，其中關於纍絲花蕾紋頂座制法，主要有四層工序。第一層先運用纍

絲工藝（filigree 或 wire work）將雙股金屬絲繞出座底的基本造形，〔註10〕同時作為第一層的基底層【圖 6-10】，亦有於基底層下襯以薄片者。第二層則製做數個小花蕾，各以單股的金屬絲以彈簧式纏繞一圈成形，之後將花蕾逐層排列堆疊焊接（soldering）於基底層上。第三層則進行焊珠（granulation），其製法即將金屬珠焊於花蕾的中央【圖 6-11】。〔註11〕第四層工序則將完成的纍絲胎體進行鎏金，又稱「火鍍法」（fire-gilding）的工作，使用泥金混合汞的方式敷於鍍金面上，透過加熱的方式使汞揮發，讓金附著於器表。〔註12〕

【圖 6-10】此種以雙股扭絲金屬線進行纍絲的技法

（主要作為纍絲花蕾裝飾之基底層，原文物由簡木源先生提供，筆者自攝）

【圖 6-11】第二層花蕾與第三層焊珠所組成的立體花蕾紋樣

（見一顆顆花蕾以上下相間的方式層層堆疊，最後第四層為鍍金層，原文物由溫蘭英女士提供，筆者自攝）

　　關於第二層的纍絲方式，除了花蕾紋外，從私人收藏的藏品中亦見有雖同樣使用單股銅絲，卻以鎖鏈式的方式堆疊出地紋【圖 6-12】，最後再焊上各式母題花片，形成主地的層次感。另外亦有直接於第一層使用金屬扁條纏繞成菊瓣紋，最後再於花瓣尖端焊以銅珠【圖 6-13】。兩種裝飾風格之頂戴皆做套栓式拴合法，故從工藝與拴合結構特徵判斷，皆屬光緒時期流行的產品。

〔註10〕李建緯，《中國金銀器的時尚、表徵與技藝》，臺中：捷太出版社，2013 年 12月，頁 170。

〔註11〕第二道與第三道工序各別金工製作方法，皆參考自李建緯，《先秦至漢代黃金製品工藝與身體技術研究——兼論其所反映的文化交流與身分認同問題》，國立臺南藝術大學藝術創作理論研究所博士論文，2010 年 1 月，頁 61～64、74～76。

〔註12〕李建緯，《中國金銀器的時尚、表徵與技藝》，頁 174。

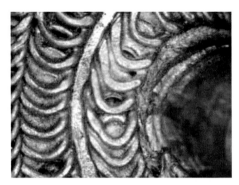

【圖 6-12】該纍絲技法主要在
第二層纍絲以鎖鏈式堆疊

（形成一個地紋蕾絲面，之後可在面上
焊以各式花片，原文物由簡木源先生提
供，筆者自攝）

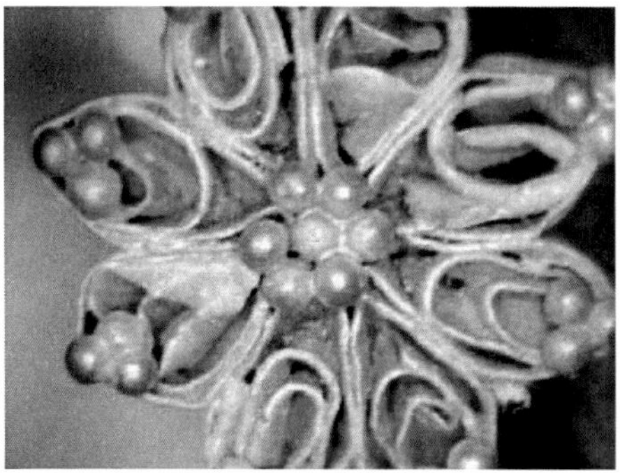

【圖 6-13】該纍絲技法於第一層
即以軟質金屬扁條纏繞成尖瓣狀

（並於尖端焊以銅珠，原文物為屏東縣
客家文物館藏，筆者自攝）

　　筆者亦透過張虞廷墓出土的吉服冠頂座與另一件相同形式之傳世樣本進
行檢測分析，所測得兩筆數據，顯示其纍絲與焊珠的成分，皆測得高純度的
銅（Cu），其中亦有銀（Ag）銅（Cu）合金者，而座柱螺絲與座底螺絲仍保留
黃銅的成分。〔註 13〕藉此可以顯示工匠於座底裝飾刻意採用純銅或銀銅合
金的金屬材質，利用其柔軟的特性，方利於進行複雜的纍絲製作，將銅絲繞
盤繞成各式花紋，但在拴合結構上仍考慮到零件的使用壽命，故維持較為堅
硬的黃銅材質。

三、小結

　　清代頂戴的頂座紋樣風格與頂珠造形間的對應，並不具有品級的差異，
反映頂珠作為該頂戴品第鑑別的唯一依據。此外，頂珠的珠形（正圓、束圓、
寬圓）亦不具備區分文武的特徵，皆由配戴者個人喜好來配戴。

　　關於頂珠材質的選用，以異材質來彈性替代寶石的模式在清代屢見不
鮮，除了雍正朝明文規定可以藍、白明涅玻璃替代藍寶石、青金石、水晶與
硨磲外，透過屏東縣客家文物館中的晚清官帽文物中，亦可以看到使用染紅
牙骨以替代珊瑚者。其實同樣在雍正年間，內廷亦有使用染色牙骨製作帽頂
寶石的紀錄，按《活計檔》雍正九年（1731）八月初四日記載：「據圓明園來
帖內稱：宮殿監督領侍陳福傳，做象牙茜紅起花朝帽頂一件、呆藍朝帽頂一

〔註 13〕見附件二，序號 03、04、06。

件，隨銅鍍金座，記此。」〔註14〕文中見皇帝明令玉作將染紅的象牙與不透明藍色玻璃，皆配銅鍍金頂座以製作二品與四品的朝冠頂，然而象牙之材質並明文收入於品官帽頂材質訂制之中，可見自雍正八年（1730）以來，皇家有意識的嘗試運用其它材質，透過染色等方式，製作出外觀成色符合規制的官用頂戴，明確顯示官用帽頂頂珠，在成色不與章典違背的前提下，頂珠的基底材質出現被換用的現象。

此種模式同時存在宮廷與民間所製作的頂戴上，亦導致之後清代官員不時在材質與成色間的模糊地帶行僭越之實，如乾隆朝出現素花金銀頂不分，小或是道光朝甚至將實心銀頂顯六品白色頂珠之色等案例。不管如何，以上現象皆顯示在清代人眼中，頂戴其「首以色顯品第；次以質鑑富貧」的文化價值。

透過臺灣本地考古與傳世清代頂戴的觀察，其裝飾特徵皆可與大陸出土帽頂有所呼應，且能具體提供對應的年代特徵參照。

〔註14〕引自國立故宮博物院藏《內務府造辦處各作成做活計清檔》影印本，Box. No: 71（一），頁 071～2-573，入玉作。

第柒章　清代頂戴的座軸結構與帽栓設計

　　本文第二章節曾經提過，若觀察金代與至康熙初期的帽頂樣式，同時對應元明時期的帽頂特徵，可以發現早期帽頂的安裝方式，主要於頂座或玉石穿以繫孔，用縫綴或繫綁的方式固定於帽上。至清代才逐漸發展成以螺絲與頂座共同組成的拴合結構，進行帽頂的組裝與拆卸，以下透過考古出土與私人收藏案例的觀察，針對清代的拴合結構的發展脈絡進一步分析。

一、清代頂戴座軸與帽栓的發展特點

　　關於頂戴的拴合設計，目前已知主要有兩類拴合方式，第一類為上下對栓式，見於臺南市水交社出土的白色涅玻璃頂，年代約為道光年間；第二類為上下套栓式，見於埔里潘踏比厘與屏東六堆江昶榮傳世吉服冠頂，年代皆為光緒年間。

　　然而，在觀察頂戴拴合結構形態的同時，也不禁始筆者好奇拴合結構於清代涼煖帽之間的應用關係。若參考傳世的文物，可以發現此類拴合結構除了作為安裝頂戴的功能外，亦同時固定帽纓與帽胎。

　　值得注意的是，清代頂戴只有官員方得配戴，但清代涼帽與煖帽的使用卻擴及平民百姓。在沒有安裝頂戴的情況下，一般百姓又是如何固定帽纓與帽胎呢？促使筆者得再次從考古與傳世材料中找到解答。

（一）大陸地區出土的拴合結構

　　關於清代帽頂拴合結構是否有專門的出土案例，目前可見天津薊縣上寶

塔發現一區清代墓葬群遺址，該地區出土了一批「帽飾」。據發掘報告指出，整體墓葬年代主要分布於清代中期至清代晚期之間〔註1〕，此次發掘所發現的帽飾主要有兩類，第一類帽飾即為帶有頂珠與頂座的官員頂戴〔註2〕。第二類則較為特殊，即不見頂戴者，其外觀僅為一枚栓有夾片之螺絲，外形近乎於頂戴座底螺絲的結構。該報告關於第二類帽飾於發掘報告中描述如下：「一般由螺杆、夾片與頂飾所構成，頂飾多缺失。」〔註3〕，另外該作者同時依其螺帽形式初步分成 A、B 兩型，因此筆者亦再次針對其形制重新分類梳理。

（二）天津薊縣上寶塔出土第二類帽飾形制分析

由【表 7-1】可知，第二類帽式螺絲結構主要可分成三型，再依照各型螺絲頭部特徵向下分式：

1. 第一型為鈕型螺絲，其外形近似於現代的螺絲釘，並見有陰刻團壽紋。
2. 第二型為片形螺絲，其螺絲頭作一圓片狀，又可下分兩式：
   I 式－螺帽圓片則略向內凹弧，且圓片兩端見穿孔
   II 式－螺帽圓片則為素面扁平狀。
3. 第三型螺絲頭結合一型與二型特徵，為鈕片合一型，亦可下分兩式：
   I 式－螺絲頭見陰刻團壽紋，螺帽圓片單面突起呈傘蓋狀並作有鏤空裝飾 II 式－螺帽圓片則呈平面，圓片可見素面（見【表 7-1】第三型 II 式 M306、M308）或作鏤空裝飾者（見【表 7-1】第三型 II 式 M205），螺帽圓鈕亦見素面與陰刻紋飾者（見【表 7-1】第三型 II 式 M205、M308）。

第二類帽飾的特徵可於道光時期的頂戴有所對應，以第二型 II 式的帽飾為例，其特徵同樣見於 M203 出土素金頂戴的座栓結構。另一個案例見第三型 I 式的帽飾特徵，亦出現於臺南市水交社出土的白色涅玻璃頂戴，唯水交社帽頂之螺帽圓片作雙重菊瓣花紋，但其頂座之鏤空地紋可見於部分第二類帽飾的螺帽圓片中。

〔註1〕天津市文化遺產保護中心，《天津考古（二）》，頁 304。
〔註2〕詳見本文第參章天津薊縣上寶塔 M203 墓出土帽飾（M203：2）。
〔註3〕天津市文化遺產保護中心，《天津考古（二）》，頁 301。

【表 7-1】天津薊縣上寶塔清代墓葬群遺址出土第二類帽飾形制分類表

第一型	鈕形螺絲頭	I式	帽栓，天津上寶塔 M119 出土（引自天津市文化遺產保護中心，2013 年，頁 192）			
第二型	片形螺絲頭	I式	帽栓，天津上寶塔 M335 出土（引自天津市文化遺產保護中心，2013 年，頁 163）			
		II式	帽栓，天津上寶塔 M209 出土（引自天津市文化遺產保護中心，2013 年，頁 219）		帽栓，天津上寶塔 M314 出土（引自天津市文化遺產保護中心，2013 年，圖版四三）	
第三型	鈕片合一形螺絲頭	I式	帽栓，天津上寶塔 M108 出土(引自天津市文化遺產保護中心，2013 年，頁 181)			
		II式	帽栓，天津上寶塔 M306 出土(引自天津市文化遺產保護中心，2013 年，頁 235)	帽栓，天津上寶塔 M205 出土(引自天津市文化遺產保護中心，2013 年，頁 214)	帽栓，天津上寶塔 M308 出土(引自天津市文化遺產保護中心，2013 年，頁 237)	

　　第二類第一型與第二型帽飾之鈕型螺絲頭以陰刻團壽紋的裝飾手法，亦見於臺南市水交社出土的白色涅玻璃頂戴之座柱螺絲頭部裝飾，兩者出土年代皆重疊於道光時期。

（三）上寶塔出土第二類帽飾與頂戴的對應關係

有趣的是，若將大陸出土所出土道光時期的頂戴座底螺絲結構〔註4〕與天津出土的第二類帽飾相比較，兩者螺杆長度約為 3～4cm 不等，皆長於水交社頂戴座栓之長度（差約一倍），且後者座栓不見夾片。此外，第二類帽飾座栓螺帽鈕為素面無紋。故筆者認為，大陸所出土的道光頂戴座栓與第二類帽飾皆見有夾片，此夾片設計應該分做兩個情況來思考：

1. 情況一，若第二類帽飾為獨立使用時，其夾片與螺絲頭之間的空間即可夾合帽緣與帽胎，此種帽飾採獨立製作，故螺杆長度偏長，可作為預留拴合頂戴之用。

2. 情況二，若第二類帽飾與頂戴配合使用，應做為頂戴的座底螺絲結構。

綜觀現有考古材料，部分頂戴座底內可栓入座底螺絲的長度有限（除非座底以上焊接座栓以增長母螺絲長度），平均為 0.5～1cm，然而座底螺絲螺杆長約 2～8cm 不等，落差懸殊，故出土材料會見到座底螺絲高度長過座底至頂珠之高度，若頂戴座底本身與座底螺絲相互夾合，扣除座底高度、帽緣及帽胎的厚度仍有剩餘空間，故需透過夾片才能使座底螺絲緊密夾合住帽子與頂戴，此種現象反映部分頂戴之座底螺絲結構與頂戴並非同時配套製作。

因此，筆者實際將同一遺址出土的第一類帽飾，與屬於第二類帽飾的二型 III 式帽飾進行比較【表 7-2】，發現第一類帽飾的夾合段由頂戴座底與夾片組成，故夾合段在上、剩餘段在下（夾片至座底螺絲頭段）；第二類帽飾的夾合空間由夾片與螺絲頭組成，故螺杆之帽胎與帽緣夾合段在下、剩餘段在上，兩者狀態上呈現對調的現象，可知前面推測的兩種情況皆同時存在，並證明兩件文物在入葬時存在有不同的使用形式，其中第二類帽飾極可能單純作為固定平民冠帽之帽栓使用。

〔註4〕比對原始測繪圖比例北京魯谷金代呂氏家族墓 M16 出土藍色料石帽頂（M16：5），其座底螺絲長約 3.8cm 左右；天津薊縣上寶塔清代墓 M203 出土之素金頂（M203：2），其座底螺絲長約 4cm 左右。文物原圖見本文【表 4-3】，測繪圖長度參考北京市文物研究所，《魯谷金代呂氏家族墓葬發掘報告》，頁 52～54；天津市文化遺產保護中心，《天津考古（二）》，頁 211。

【表 7-2】帽栓結構使用示意表

頂戴座底螺絲（第一類帽飾）	獨立使用（第二類帽飾）
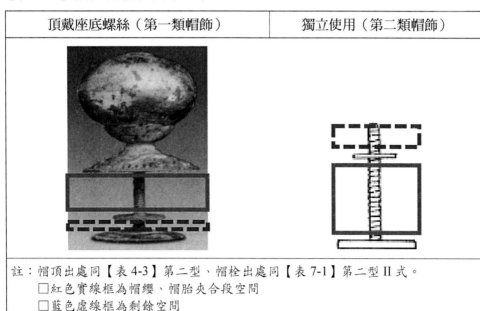	

註：帽頂出處同【表 4-3】第二型、帽栓出處同【表 7-1】第二型 II 式。
　　☐紅色實線框為帽纓、帽胎夾合段空間
　　☐藍色虛線框為剩餘空間

（四）考古現象中第二類帽飾與頂戴的對應關係

　　筆者亦針對發掘報告中所謂第一類與第二類帽飾之出土形態比較，其中第二類帽飾出土墓葬多為雙人合葬，屬於單次葬或二次葬，亦有遷葬後的空墓，但帽飾皆位於頭頂位置（不曾位移），且墓葬少見有人為破壞擾亂之跡象，相同情形之墓葬多達九處。〔註5〕此外，帽飾周邊也不見任何屬於頂飾的殘片，若要以「頂飾多散失」來解釋此類帽飾之特徵則需更加斟酌，假使墓主是平民，則帽上自然不會出現頂飾，故推測第二類帽飾為「帽栓」的可能。

　　若再次以發掘者所謂「裝飾品」的角度來檢視，則可知屬於第一類帽飾的官員頂戴，其功能與美觀性較能契合帽飾的本質；而屬於第二類帽飾的單一拴合結構，僅能稱做用來固定帽纓與帽胎的「帽栓」零件。因此，就兩類的主要功能與文化意義來命名的話，並不能等同視之。此外，就墓主的身分地位來說，亦明確顯示兩類帽飾其實反應墓主之間存在社會階級高低的差異。

〔註5〕墓主頭頂見第二類帽飾可見 M108、M117、M118、M119、M205、M209、M311、M313、M508 墓葬現象圖，墓葬情況皆大抵完整，皆未經盜擾，屬一次性墓葬。引自天津市文化遺產保護中心，《天津考古（二）》，頁 181、189、190、192、213、218、239、242、285。

筆者亦同時將水交社出土頂戴與【表 7-2】進行比較，前者座栓長度約
1cm，幾乎已精準考慮到頂戴座底拴合帽胎、帽纓的實際空間（約 0.5cm）。此
外，該帽出土時並未見到任何使用夾片之痕跡，且座底螺絲頭部亦出現纍絲
菊瓣紋的裝飾，相對其它座底螺絲或座栓結構更顯得精巧，故合理推測其座
栓與頂戴應為同時製作配套之產品。

至光緒時期，頂戴的設計變得更為精簡，座柱螺絲與座底螺絲長度增
加。此外，座底螺絲又同時身兼座柱的功能，其螺桿內部中空以方便座頂螺
絲拴入，形成座頂螺絲與座底螺絲相套的狀態，彼此缺一不可，顯示清代中
期至晚期的細金工藝術已進入高峰。

二、解讀臺南水交社出土的不明蓋形器

2009 年臺南市水交社墓葬群遺址曾出土一件不明蓋形器（UX-0001）
【圖 7-1】，其出土於一墓葬之三合土外槨上，故當時無法立即判別其功能。
此蓋形器特徵呈圓穹頂並出檐，頂面中央帶有一直徑約莫 0.3 公分穿孔，之
後下接直壁。圓頂面見兩層陰線刻紋飾帶，內層紋飾為魚子地折枝仙桃紋、
外層紋飾為魚子紋呈鋸齒狀圍繞內層飾帶，該器直壁處亦見有多個圓孔呈等
距排列。

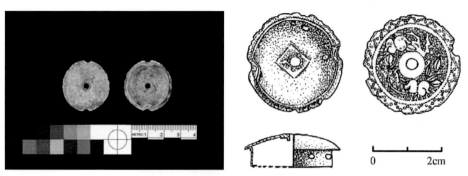

【圖 7-1】蓋形器（UX-0001）

（臺南市水交社出土，圖片影像與測繪圖由國立臺南藝術大學藝術史學系提供）

巧合的是，筆者透過對私人收藏的訪查中，發現部分頂戴亦有此結構，
共有兩件，以下個別列述：

（一）案例一

為水晶吉服冠頂【圖 7-2】，該帽頂為一座柱螺絲貫穿頂珠、座托與座

底，[註6]最後栓上蓋形器與一小六角形螺帽，其中蓋形器已斷成兩半，並經過強力膠黏合，邊緣亦有所破損，該器特徵同水交社出土蓋形器呈圓穹頂並出簷，頂面中央見一直徑約莫 0.5 公分穿孔。圓頂面見兩層陰線刻紋飾帶，內層紋飾為魚子地折枝牡丹紋、外層紋飾為魚子紋呈鋸齒狀圍繞內層飾帶，該器直壁已耗損殆盡，僅存留一圈突起痕跡於蓋底，推測其完整形制應同水交社出土者。

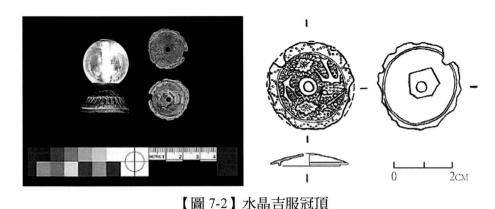

【圖 7-2】水晶吉服冠頂

（左圖為文物影像，右圖為蓋形器局部線繪圖，私人收藏，原件文物由簡木源先生提供，文物影像與測繪圖由筆者拍攝繪製）

（二）案例二

另一件例為藍色涅玻璃頂戴【圖 7-3】，其座柱螺絲頭呈尖瓣團花裝飾、座托為仰式重瓣乳突菊瓣式、座底飾以雜寶鏤空地紋，並上接一中空長管。座底以下為作底螺絲，其形式同上寶塔出土的第二式 I 形螺絲結構【表 7-1】，並栓有一蓋形器與小圓片。其中蓋形器呈圓穹頂並出簷，圓頂面素面無紋，其中央帶有一直徑約莫 0.3 公分穿孔，之後下接直壁，器壁見有等距圓孔排列。該頂戴整體的拴合方式呈上下對栓式，其裝飾風格與拴合模式與水交社出土白色涅玻璃即服冠頂有所雷同。

透過兩件傳世帽頂可以得知，此類蓋形器應同樣作為夾片之功能，應屬《皇朝冠服志》中所謂「小轉錢」的另一種形式，其中有花紋者更增添其裝飾性，若從頂座的裝飾技法研判，此種蓋形夾片應為流行於道光時期。

[註 6] 該件水晶帽頂之座柱螺絲與座托見疑似有重新補配過的痕跡，其原本是否僅以座柱螺絲拴合，筆者暫且保留，故僅能從座底特徵進行形制判讀，但仍可反映蓋形器作為拴合零件的主要功能。

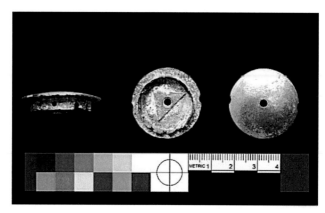

【圖 7-3】藍色涅玻璃吉服冠頂

（左圖為原件文物完整照，右圖為蓋形器各視角圖，私人收藏，原件文物照片影像由湯志雄先生提供，筆者再製）

三、清代頂戴拴合結構發展、工藝及文化現象

透過第一節的梳理，吾人得以認識頂戴座軸結構與帽栓皆可拆卸於帽子的特性，這反映了清代頂飾最大的特色，其中螺栓結構作為體現清代帽頂制度實行的重要關鍵。在討論螺栓結構如何出現於帽頂的可能因素之前，必須先確認中國出現螺栓並加以應用的時間。

（一）中國螺絲的起源與應用

關於中國對於螺絲結構的記錄，可以從明代德國傳教士鄧玉函（Johann Schreck，1576～1630）所撰寫的《遠西奇器圖說》中窺其面貌，首先在外觀上：「有線稜從圓體周圍迤　而上，曰：『藤線器』，如藤蔓依樹周圍而上，或瓜蔓與葡萄枝攀纏他木，皆是其類其象。」〔註7〕文中首先說明螺絲的特徵，主要由圓體與藤線器所組成，其中藤線器所產生的螺紋有如藤蔓攀爬樹枝一般。

之後作者更進一步說明其造形原理：「藤線之物有三：一圓體、二圓體之軸、三藤線。如上：甲為圓體，其內有乙丙直線為其軸，外線稜周圍迤邐而上，乃依賴于圓體并其軸者也。」〔註8〕作者以【圖 7-4】做解釋，甲作為螺絲的主體並呈圓錐狀，而乙、丙兩點的連接線則為整根螺絲的中軸線，藤線

〔註7〕（明）王徵、鄧玉函，《遠西奇器圖說（一）》，北京：中華書局，1985 年，頁 185。

〔註8〕同前註，頁 185～186。

器便依循螺絲的主體與中軸線盤繞其上。

　　透過前面對螺絲造形與結構的的認識後，王氏亦提及螺絲的種類與功能：

> 藤線器有三類：一柱螺絲轉、二球螺絲轉、三尖螺絲鑽，蓋因圓體
> 有三，一柱圓、二球圓、三尖圓，故藤線依賴而上，遂成三類。柱
> 圓用以起重、球圓天文家所必須，至尖圓乃開堅深入之器。工匠頗
> 多用而此重學，所常用者，柱圓而已。〔註9〕

按【圖7-5】所示，螺絲可依照其主體的特徵分成柱狀螺絲、球狀螺絲與尖狀
螺絲，不同造形的螺絲亦有不同的功能，諸如起重工具、天文儀器或是栓釘
等用途。而清代頂戴與帽栓中的螺栓結構，應屬於柱狀螺絲的範疇裡。最後
作者針對螺絲的拴合特色進行評論：

> 前諸器皆有妙用，而此器之用更大。螺絲轉又如雨風陡遇、盤旋擊
> 搏。即大木大石可挾而上、又如波中洄漩之水，能吸人物下墜……
> 又況其製簡便，長大者之堅固不待言，即甚小者亦甚堅固而絕無危
> 險。〔註10〕

文中強調螺絲上的螺紋所具備強勁的拴合力道，不僅可以將大木大石抬起更
有如漩渦般緊密的拴合物件。若以力學的角度，螺絲上的螺紋是為斜面原理
（Inclined plane）的一種具體應用，旋狀的螺紋宛如三角形的斜邊纏繞於桿子
上，其螺紋間距越短密，在操作時的確越能達到省力的效果。〔註11〕

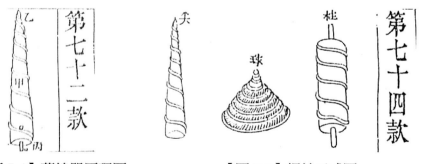

【圖7-4】藤線器原理圖　　　　　　　【圖7-5】螺絲三式圖

（引自《遠西奇器圖說》，頁185）　　（引自《遠西奇器圖說》，頁186）

〔註 9〕（明）王徵、鄧玉函，《遠西奇器圖說（一）》，北京：中華書局，1985年，頁
　　　　186。

〔註10〕同前註，頁187～188。

〔註11〕Bureau of Naval Personnel1971, *Basic Machines and How They Work*, New York:
　　　　Dover Publications, p26~27.

　　實際上，歐洲地區的金屬螺絲早期多應用在甲冑與槍砲之中，但由於製作螺紋的技術尚未成熟，需以手工削切，故鑄造成本高於鐵釘，無法普及量產。而十六世紀中葉時，歐洲地區的螺絲製作以法國里昂與英國英格蘭中部最為成熟，螺絲的應用亦開始出現在鐘錶的零件上，但此時的螺絲仍透過肉眼手工使用鋸片與銼刀刻劃螺紋，故品質參差不齊。〔註 12〕然而至十八世紀中葉（約 1760 年，清乾隆二十五年間），英格蘭懷額特兄弟（Jab and Willian Wyatt）才研發出自動化量產螺絲的方式，螺絲的品質才得以穩定。〔註 13〕

　　透過西方傳教士的紀錄，說明早期螺絲作為起重、科技儀器零件與栓釘的功能。離該書所成書時間前後的時間裡，也就是 15 至 17 世紀，正逢歐洲西洋傳教士如羅明堅、利瑪竇等人陸續來華傳教。除了科學知識的交流外，為吸引明朝皇室與官員們的注意，歐洲的各式精密天文測量或鐘錶計時儀器等也藉此引進了中國，作為朝貢天朝的禮物。〔註 14〕

　　至清代，宮內所收藏西洋鐘錶仍持續受到傳教士或外國使節的饋贈，除此之外，清代皇帝亦會差遣官府負責採買，或由地方官員自行進獻給皇帝，從清宮所收藏的西洋懷錶中，可以發現其內部機械組件運用大量的小型螺絲進行組裝拴合，並且皆為鍍金的銅質材料製作。然而，清代中國也開始發展鐘錶的修復與製作，其中廣州與澳門作為歐洲人來華的主要口岸，來自西洋的舶來品亦由此輸入中國，由於做為接觸西洋鐘錶首要的地區，故粵地的鐘錶仿作工藝在康熙時期已具有一定的水平。

　　除此之外，清代初期南京、杭州、蘇州、上海、福建地區亦有零星的自鳴鐘與懷錶匠師，〔註 15〕逐漸形成有規模的鐘錶儀器製造產業，亦可能同時帶動周邊零件的生產。此外，康熙皇帝亦設自鳴鐘處於內廷，並招募國外具精通鐘錶機械製造技術的傳教士或具有善作琺瑯、鐘錶的民間匠人入京貢職〔註 16〕。爾後自鳴鐘處又改為做鐘處，至乾隆時期，上至宮廷、下至民間的鐘錶技術皆得到充分的發展〔註 17〕【圖 7-6】，最後形成「御製鐘」（北京）、

〔註 12〕黎辛斯基，《螺絲起子與螺絲》，臺北：貓頭鷹出版社，2014 年 3 月，頁 96、98～99。

〔註 13〕同前註，頁 101。

〔註 14〕郭福祥，《時間的歷史影像》，北京：故宮出版社，2013 年 4 月，頁 50～54。

〔註 15〕同前註，頁 87～90。

〔註 16〕同前註，頁 82～86。

〔註 17〕郭福祥，〈時間的藝術、交流的記憶──清宮鐘錶總說〉，《故宮鐘錶》，北京：紫禁城出版社，2008 年 4 月，頁 011。

「蘇造鐘」（蘇州）、「廣造鐘」（廣州）三個鐘錶生主要產系統。

【圖 7-7】即為一件康熙時期由清宮做鐘處所製作的畫琺瑯金殼懷錶，其內部自動裝置的機殼件有多枚螺絲，顯示螺絲作為拴合的重要零件。隨著中國本地開始製作鐘錶後，北京、南京、上海、福建、廣東等地區的製鐘工藝至雍正時期已趨成熟。同時，中國本地亦具備對鐘錶進行維修、保養甚至是改造的能力，〔註 18〕故在進行上述作業時必然大量使用螺絲等零件。

【圖 7-6】十九世紀（雍正－乾隆）
銅鍍金琺瑯聽蕭圖懷錶

（右圖為局部放大並以紅色圈標示栓有螺絲處，英國製，北京故宮博物藏藏，引自北京故宮博物院，2008 年，頁 217、圖 144）

【圖 7-7】（清康熙）
御製畫琺瑯金殼懷錶

（右圖為局部放大並以紅色圈標示栓有螺絲處，瑞士蘇黎世國家博物館藏，引自郭福祥，2013 年，頁 87、圖 8）

由於筆者尚未查得關於清代螺絲何時開始應用在機械儀器以外如帽頂等器物的具體文獻紀錄，目前僅知國立故宮博物院藏的乾隆朝文武一品朝冠頂（見中國地區考古與傳世朝冠頂第二型 I 式）已見有螺絲座柱，其餘出土與傳世朝、吉服冠見螺絲座柱者皆集中在道光朝以後（十九世紀中葉至二十世紀初期）。〔註 19〕

〔註 18〕郭福祥，《時間的歷史影像》，頁 104～112。

〔註 19〕逢甲大學歷史與文物研究所李建緯副教授于筆者撰寫論文期間曾表示，臺南市大天后宮聖父母廳有一件生鐵鑄爐，其兩端衝耳亦採用螺絲拴接，爐上紀年「乙未」，為道光二十七年（1847 年）產品。故筆者認為，此一現象反映清代的螺絲應用，至道光朝已普遍出現於中國本地器皿的結構上。關於大天后宮聖父母廳之鐵爐年代，詳見李建緯，〈臺南市大天后宮早期金屬香爐形制與源流考〉，《媽祖文化研究論叢（I）》，北京：人民出版社，2012 年 5 月，頁 202～216。

（二）清代頂戴螺絲結構的製作方式與製作工具

關於螺絲的製作方式，需因應特徵的不同而使用適合的工具，螺絲主要可分公螺絲與母螺絲兩大類，兩種螺絲相互套用方能形成拴合的功能。公螺絲特徵為齒（螺）紋在外，即常見各式螺絲釘；母螺絲其齒（螺）紋在內，呈中空管狀，如螺帽即屬於母螺絲之範疇。公螺絲之製作方式須透過車刀或螺絲牙板（又稱「螺模」）進行齒紋刻削，而母螺絲之齒紋則使用帶螺紋的鑽具（又稱「螺絲攻」）垂直鑽削而成。〔註20〕以下個別針對清代常見兩種頂戴拴合結構之製作方式進行介紹：

1. 清代頂戴對栓式螺絲結構製作方式（前期拴合法）

座柱螺絲與座底螺絲皆屬公螺絲，需用車刀或螺模刻畫螺紋，螺絲頭圓片及裝飾皆採額外焊接製成；頂戴座底為母螺絲，則採用螺絲攻鑽刻，若延伸母螺絲長度（即於頂座增加長條栓桿），需另焊上一由長條銅片捲起的長管，最後再用螺絲攻鑽刻螺紋，長管外側無須刻畫螺紋。座柱螺絲與座底螺絲分別從座底母螺絲兩端栓口對栓而入即可完成頂座之拴合工作。

2. 清代頂戴套栓式螺絲結構製作方式（後期拴合法）

座柱螺絲為公螺絲，需以車刀或螺模刻畫螺紋。座底螺絲為公母螺絲合一，取代過去以加長座底母螺絲長度的作法，直接將座底螺絲以長條銅片捲成長管，長管內側先以螺絲攻鑽刻母螺絲螺紋；外側再以車刀或螺模刻畫公螺絲螺紋。作底則保留母螺絲結構，但不而外加長，僅作為拴合座底螺絲之用。最後將座柱螺絲直接套栓於作底螺絲即可進行頂座之拴合工作。

關於清代頂戴可能所使用到工具器材，其中以螺絲加工製作至為重要，現今清宮內仍留有因應維修鐘錶所需零件的小型加工車床設備【圖7-8】及螺絲牙板【圖7-9】、各式鑽孔器【圖7-10】、【圖7-11】等相關工具，其中車床同時具有手搖式與腳踏式兩種動力結構，可藉由機上進刀與退刀兩種調節裝置進行車刀加工，製作等各式需要的零件。〔註21〕

透過上述中國鐘錶等西方儀器的製作技術發展歷程，吾人可以合理認知西方鐘錶等儀器製作技術的傳入，成為奠定帽栓與頂戴座軸設計的重要基礎。故筆者推測清代帽頂普遍採用螺絲的拴合結構應於康雍時期已經形成，

〔註20〕葉朝蒼，《圖解式螺絲切銷之技術》，高雄：大眾出版社，1975年，頁102。
〔註21〕秦世明，〈清宮做鐘處的延續──北京故宮博物院古鐘表之修復〉，《故宮文物月刊》，2009年8月，頁16。

是為西方機械加工技術融入中國冠服制度設計的具體成果，不管是宮廷造辦處或是地方民間作坊，皆得到全面的運用。

【圖 7-8】17 世紀初期，
歐洲製小型車床

（北京故宮博物院藏，圖引自秦世明，
2009 年，頁 16）

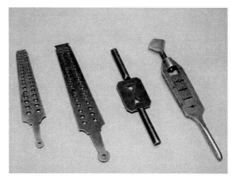

【圖 7-9】
螺絲牙版（螺模）

（北京故宮博物院藏，圖引自秦世明，
2009 年，頁 17）

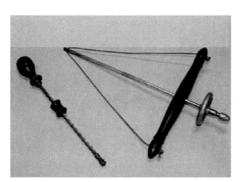

【圖 7-10】舞鑽
（即手動老式打孔工具）

（圖左應為螺絲攻，北京故宮博物院藏，
圖引自秦世明，2009 年，頁 17）

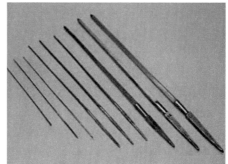

【圖 7-11】鑽孔器
（老式手動擴孔的專用工具）

（北京故宮博物院藏，圖引自秦世明，
2009 年，頁 18）

（三）清代頂戴與帽冠的螺絲結構應用

　　關於螺栓結構應用在清代頂戴的具體方式，所見《清俗紀聞》對緯帽之描繪【圖 7-12】，圖中可見在冬帽胎的頂部位置有一螺旋尖柱狀物，是為帽栓之螺桿，且螺桿與帽胎間有一圓蓋狀夾片。該書由日人撰寫並於寬正十年（清嘉慶五年；1800）刊載，其具體反應清代中期中國地區民間的實際生活樣貌。

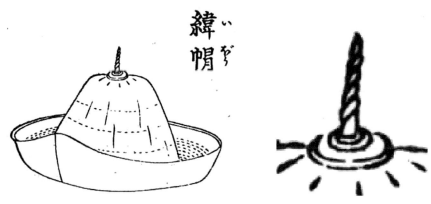

【圖 7-12】緯帽帽胎圖

（右圖為頂部帽栓結構局部放大，引自《清俗紀聞》,〈卷之三‧冠服〉頁八）

　　然而，帽栓的使用一直延續到清末，透過晚清來華的澳大利亞人莫里循所拍攝的許多影像中，其中一張照片記錄著莫氏駐居北京時於宅第與家僕的大合照，【圖 7-13】畫面右邊可以看到兩位馬夫，頭戴長纓涼帽，帽子頂上明顯有一根突起物，亦為帽栓之螺桿結構。由此可知此種涼帽於官員或平民皆可戴用，但因馬夫並非官職，其社會階級較為低下，故帽上不得配用頂戴，因此才會露出帽栓之螺桿。透過上述的認識，若回頭檢視天津所出土的第二類帽飾的功能即可撥雲見日明，該器形應為帽栓而非殘缺之頂戴，藉此對墓主的社會階級辨識亦有可靠的參考依據。

【圖 7-13】1898 年，莫里循與僕人之合影

（可見右圖僕人帽頂處有一柱狀突起之帽栓，引自沈嘉蔚，2007 年，頁 56～57）

四、清代頂戴螺絲結構中的規格化現象

清代頂戴中的金屬螺絲零件運用，同時體現官方首飾出現規格化的特徵。透過考古出土與傳世文物的觀察，清代頂戴的拴合結構包含螺桿的寬度、螺帽的大小、座栓與座軸套合的孔徑皆試圖趨向固定的尺寸。前期頂戴以鑄模方式製成，形成了對栓的組合模式，並延伸出有無焊以母螺絲桿之兩種對栓形式，這影響了座柱螺絲與座底螺絲所選用的尺寸。第一種形式以水交社出土頂戴為例，該頂戴座底並無額外焊以母螺絲桿，故座柱螺絲與座底螺絲皆使用直徑 0.4cm 之公螺絲。第二種形式以國立傳統藝術中心藏的傳世行服冠為例，其素金頂戴座底則帶有母螺絲桿，其桿徑寬 0.4cm，栓孔可栓入徑寬 0.2cm 之座柱螺絲，座底底部則可栓入徑 0.3cm 之座底螺絲。

若將二者比較後可以發現，第一種形式由於未增加母螺絲桿，座柱與座底螺絲解僅依照座底的孔徑 0.4cm 即可。此外，正因為沒有母螺絲桿的輔助，屬於公螺絲的座柱、座底螺絲必須加粗徑寬方能支撐頂珠而不致斷裂。另一方面，由於座柱螺絲直接栓入座底，其頂珠高度僅能依照座柱螺絲的長度選用，過大或過小皆無法拴合。

第二種形式則試圖延伸座底母螺絲孔的長度，因此另焊一螺桿加以輔助，致使座柱、座底螺絲徑寬可縮小近一半。同時，此種螺桿設計，有效調節座柱螺絲的高度，依照拴合頂珠尺寸進行彈性調整，但頂珠高度不能低於座柱螺絲。此外，礙於母螺絲桿為額外焊接，故座柱螺絲與座底螺絲之徑寬往往會出現 0.1cm 的落差。

後期頂戴拴合結構產生重要變革，即座底螺絲從原本的公螺絲形式變成內母外公的雙螺絲合一的新設計，形成了套栓的拴合方式。若以屏東縣客家文物館藏官帽為例，其座底螺絲公螺絲整體徑寬為 0.4cm，保留以往座底的基本孔徑；母螺絲孔徑則為 0.2cm，可知原本座柱螺絲基本徑寬並無變化。此外，座柱螺絲的長度也增長，最大長度甚至可超出座底螺絲，此一設計完全放寬頂座可拴合頂珠高度尺寸的限制。

五、小結

本次研究所發現的座栓結構，未曾於清代服飾史相關研究中被提及，其通用於清代涼煖帽上，作為頂戴、帽纓與帽胎彼此接合的重要零件，兩者之間可以自由替換，其中若與頂戴結合，即成頂戴之座底螺絲結構。若同時參

考考古墓葬出土的現象，其出土頂戴或是單純的座栓結構，可以反映墓主為官員或是平民的階級身分。

此外，頂戴拴合形式的不同亦具有時代的鑑別特徵，現僅能分做前後兩期，前期頂戴採對栓式拴合法，自乾隆朝至同治朝皆有使用；後期採套栓式拴合法，為光緒時期頂戴常用的拴合方式。

臺南水交社出土的不明蓋形器，透過其它私人收藏傳世頂戴的觀察，可確認應做為拴合結構的夾片之用，在未拴合帽頂時亦具有裝飾功能。該件蓋形器的年代應與同樣出土於水交社的白色色涅玻璃吉服冠頂，屬於道光時期的產品。

透過本章節的梳理，吾人得以認識清代頂戴的設計已融入西方機械儀器的組裝概念，其拴合結構也間接促使帽頂進入零件規格化生產的型態，是金、元、明的帽頂文化所未見的創舉，西洋的車床鏇切技術，亦正式加入中國首飾製作工藝的行列。